MAESTRO ECKHART

La mística de una luminosa nada

Dichos y «excerpta» del dominico Eckhart von Hochheim para vivir una espiritualidad más allá de las palabras

Edición bilingüe, traducción y notas de Alfonso Lombana
Epílogo filosófico de Antonio de Diego González

ALMUZARA

Primera edición: septiembre de 2024

Editorial Almuzara • Colección Sapientia Avrea
Director de la colección: Antonio de Diego González
Editora: Ángeles López
Corrección: Javier Alvaredo
Maquetación: Miguel Andréu

www.editorialalmuzara.com
pedidos@almuzaralibros.com - info@almuzaralibros.com

Editorial Almuzara
Parque Logístico de Córdoba. Ctra. Palma del Río, km 4
C/8, Nave L2, nº 3. 14005 - Córdoba

Imprime: Gráficas La Paz
ISBN: 978-84-10523-39-5
Depósito: CO-1329-2024
Hecho e impreso en España - *Made and printed in Spain*

Índice

SAPIENTIA AVREA (NOTA EDITORIAL)

Sapientia Avrea es una colección que explora e indaga en las espiritualidades y sabidurías de las diferentes manifestaciones de la tradición en el mundo. Un mensaje arquetípico que se repite y que irrumpe en la humanidad, manifestaciones de lo sagrado que han moldeado culturas de Oriente a Occidente. Usando como herramientas principales la filosofía de la religión y de la cultura, la psicología profunda y la hermenéutica comparada proponemos volver a las fuentes originales y ofrecer nuevas lecturas de estas para tiempos actuales.

La colección nace con la vocación de ofrecer nuevas ediciones de textos clave, traducidos de su lengua original al español y con comentarios de autores contemporáneos, además de nuevos ensayos sobre temas que no pierden vigencia.

El logo de la colección nos evoca el símbolo dado por los alquimistas a la cuadratura alquímica, el *opus magnum* (la gran obra), la piedra filosofal, capaz de transmutar lo mundano en oro. Una sabiduría aurea para transmutar nuestro interior y encontrarnos conociendo nuestro sí-mismo.

EL DIRECTOR DE LA COLECCIÓN

El director de la colección es Antonio de Diego González, filósofo e historiador especializado en filosofía de la religión, pensamiento islámico y hermenéutica simbólica. Es profesor de Historia de la Filosofía en la Universidad de Málaga, donde imparte cursos de filosofía antigua, filosofía medieval y pensamiento no-eurófono. Entre su producción académica destaca la nueva edición en español que Almuzara ha publicado de *El Corán* (2024).

Sapientia Avrea

INTRODUCCIÓN

Alfonso Lombana Sánchez

El maestro Eckhart y su legado fragmentario

El maestro Eckhart von Hochheim (1260-1328) es una de las personalidades más influyentes de la Edad Media alemana. Es autor de una obra muy extensa que ha pasado a la historia por diferentes motivos. En un sentido filosófico, sus reflexiones despertaron en el siglo XVIII un gran interés, hasta el punto de que, gracias a sus reediciones y relecturas, se inició una fascinación por su pensamiento que se extendió por todo el mundo hasta bien entrado el siglo XX.

La transmisión del texto, sin embargo, es extremadamente compleja. El maestro Eckhart fue condenado por la Iglesia por sus pensamientos. Esta condena, no obstante, no silenció su obra, sino que precisamente motivó su proliferación, si bien no siempre autógrafa y, desde luego, lejos de lo que podemos considerar por transmisión directa.

Tras su condena y al poco de morir, muchos de sus discípulos extractaron sus sermones, copiaron sus textos y parafrasearon sus ideas. Asimismo, muchos de sus adeptos asumieron sus enseñanzas y prosiguieron su línea de pensamiento. Esto, si bien ha promovido una preservación de su sabiduría, arroja enormes dificultades en un sentido filológico.

Por un lado, la cuestión de la autoría de sus obras no siempre es unívoca. Precisamente la enorme tentación que sintieron muchos de firmar las obras con su nombre promovió un legado no siempre claro. En el caso de los grandes tratados y homilías, la autoría de Eckhart es más fácil de atribuir. En el caso de la transmisión en extractos de su obra, sin embargo, el hilo es más complicado de reconstruir, si bien su tradición tiene gran interés.

En el catálogo de las obras del maestro Eckhart figura una serie de fragmentos, conocidos desde la edición de Pfeiffer como «dichos»[1], que abren una línea de estudio fructífera, valiosa y, sorprendentemente, aún poco explorada.

La idea de crear este corpus de dichos fue posiblemente debida a un doble motivo: por un lado, proponer una colección cerrada de estas sentencias; por el otro, sacar a la luz una evidencia textual abrumadora de fragmentos, muchos de ellos además legados en fuentes diversas y siempre con una atribución directa, o por lo menos con una introducción del tipo: «El maestro Eckhart dijo».

La necesidad de editarlos, sin embargo, despertó también varios quebraderos de cabeza a Pfeiffer. En primer lugar, se trata de obras de extensión pequeña que además de aparecer atribuidas al maestro recogen pilares esenciales de su pensamiento. Esta relevancia de su contenido, como también su abultado legado, requerían una atención específica. Para intentar dotar de unidad a la colección, sin embargo, Pfeiffer dividió estos fragmentos en dos partes: decidió quedarse con 70 sentencias o dichos, que llamó *Sprüche*[2], y publicó como fragmentos otros 161 textos, que son los que constituyen el *Liber positionum*[3].

La decisión de repartir estos fragmentos en dos grupos y dos libros (*Sprüche* y *Liber*) radica en la decisión del propio Pfeiffer de que los primeros eran atribuibles al maestro sin necesidad de mayores com-

1 Cf. Pfeiffer, 1857, pp. 597-627.

2 Cf. Pfeiffer, 1857, pp. 597-627.

3 Cf. Pfeiffer, 1857, pp. 631-684.

probaciones[4], mientras que los segundos despertaban dudas. Así lo explicó él mismo: «Los dichos, salvo algunos pocos, tienen la veracidad en ellos mismos, no necesitando ninguna otra comprobación»[5].

Por ello, Pfeiffer recopila *motu proprio* dichos y sentencias de los manuscritos, si bien lo hace con una visión centrada en la transmisión directa —en la noción de autor propia del siglo XIX—, casi obsesionado con la pregunta acerca de la legitimidad. Esta autenticidad (*Echtheit*), no obstante, no tiene por qué ser el argumento clave a la hora de trabajar con literatura medieval, y mucho menos cuando hablamos de transmisión en extractos.

Antologías y florilegios

Las atribuciones de autoría en los dichos del maestro Eckhart no es una decisión tan sencilla como pueda parecer a primera vista. Precisamente, el heterogéneo e inmenso legado al que nos enfrentamos nos presenta una compleja red de autorías y redacciones de los textos. Ahora bien, la contemplación de estos dichos precisamente como *excerpta* abre una línea de estudio que hasta ahora no se había considerado para analizar al maestro Eckhart.

Las antologías y los florilegios fueron durante la Edad Media un género de enorme difusión: «La noción de compilación no solo dio lugar a una sofisticada forma literaria, sino que también promovió el desarrollo de un nuevo tipo de aparato para su uso junto con los textos existentes»[6].

---

4 Cf. Pfeiffer, 1857, p. XII.

5 La cita original dice: «Die Sprüche tragen, bis auf wenige, die Echtheit in sich selbst, und bedürfen keiner weiteren Beglaubigung». Pfeiffer, 1857, p. XII.

6 La cita original dice: «The notion of compilation not only gave rise to a sophisticated literary form but also promoted the development of a new kind of apparatus for use alongside existing texts». Parkes, *The Influence of the Concepts of* Ordinatio *and* Compilatio..., p. 131.

Motivos de índole muy diversa propiciaron durante siglos una transmisión de los textos en fragmentos. Para estudiar este tipo de compilaciones se ha preferido hablar de *antología* cuando los textos se copian sin más, sin adulteración ni modificación, y de «florilegio» en el momento en el que el copista interviniese en los textos.

La intervención que se constata en los florilegios va muchas veces más allá de la mera ordenación del contenido. En muchas ocasiones se introduce la autoría («El maestro dijo»), pero en otras se parafrasea el original o, sin más, se reescribe conservando las esencias pero sin citarlo. Estas decisiones favorecen la transmisión del contenido, pero por otro lado confrontan al filólogo ante textos que no son originales del autor, ni tampoco necesariamente un fragmento de obras fácilmente reconocibles. Es decir, el texto del florilegio, sus *excerpta*, es una reformulación pragmática del contenido. En el caso de textos filosóficos, como el que nos ocupa aquí, este proceso de reformulación se traduce en síntesis muy concisas y fácilmente comprensibles del pensamiento del autor en cuestión.

En el caso del maestro Eckhart, muchos de estos textos fragmentarios que nos han llegado responden a los parámetros y al sentido de los florilegios. En el caso concreto que nos ocupa en esta edición, además, estamos ante reformulaciones concisas y precisas de aspectos esenciales de su pensamiento. Hasta el día de hoy, sin embargo, estos textos nunca se han estudiado como florilegios.

La literatura en extractos facilita la comprensión y difusión de obras largas y difíciles, de ahí la necesidad de su estudio. Para los filólogos, sin embargo, el enfrentamiento a estos supone un reto de gran envergadura. Y, además, desde el movimiento editorial del siglo XVI, la literatura en fragmentos fue perdiendo relevancia, viéndose sustituida por ediciones más centradas en encontrar la totalidad de *obra completa*. Se dio asimismo una importancia extrema a la autoría auténtica de los textos, de modo que muchas de estas compilaciones pasaron a ocupar un ostracismo doloroso en su transmisión. El rechazo a antologías y florilegios, especialmente desde el siglo XIX hasta nuestros días, ha hecho que estas colecciones hayan sido tenidas por literatura de *segunda mano*[7].

Así se ve en la edición de Pfeiffer, para quien autoría y «totalidad» fueron dos de sus prioridades a la hora de constituir el texto. Es cierto que reparó en la valía de *dichos* o *sentencias*, pero en cierto modo pasaron a ocupar un lugar secundario. Injusto, quizás, porque en ellos está contenida la sabiduría del maestro y, qué duda cabe, el germen de su imponente recepción.

El descubrimiento de tres florilegios del maestro Eckhart

Los fragmentos del maestro Eckhart que se editan en este volumen de *La mística de una luminosa nada* responden al espíritu del florilegio, que son obras compilatorias que tienen una doble función receptora y transmisora[8]. Estos *excerpta*, por lo tanto, son textos receptivos en los que se copia una tradición y que, a la vez, se convierten en unidades efectivas para la transmisión de los textos originales, a veces incluso reformulados para expresar mejor sus ideas. En ellos se recoge una selección natural del conocimiento y, en sentido esencial, una atribución de su contenido que va más allá de la autoría directa de cada una de las palabras.

Los dichos o *excerpta* del maestro Eckhart que aquí se editan y traducen, algunos por primera vez, demuestran una sorprendente esencia de su filosofía, aun cuando con total seguridad quizás no fueran escritos por él mismo. Ahora bien, precisamente esta transmisión en fragmentos hizo posible que Eckhart se leyera, se transmitiera y se copiara con una intensidad tan inusitada. Por ello, es una necesidad entender de nuevo a Eckhart desde este punto de vista

7 Cf. Muñoz Jiménez, *La tradición de la literatura en extractos*, p. 620.

8 *Ibid.*, p. 621.

científico, en el que la tradición vuelva al centro de la transmisión y en el que el texto se revisa y se restituye.

Con este fin, para esta edición se han seleccionado los textos a partir de dos manuscritos en alemán muy relevantes en la transmisión de Eckhart. En ellos hay tres florilegios de gran interés por la profundidad con que reproducen el pensamiento y, por otro lado, la claridad con que lo exponen. Se trata de los manuscritos ***B1*** y ***E2***[9].

B1

El manuscrito ***B1*** se conserva actualmente en la Biblioteca Estatal de Berlín (Staatsbibliothek) con la signatura Ms. Germ. Oct. 12 (mgo). Se trata de un códice facticio, cosido *a posteriori,* tal y como lo conocemos hoy, con textos de diferentes autores, pero una presencia considerable de textos del maestro Eckhart. El ejemplar está en octavo, escrito en pergamino con letra *textualis* y cuenta en la actualidad con 121 folios. Su datación se remonta a 1345, a juzgar por la fecha del primer folio. El estadio de lengua es propio del Alto Alemán, en su vertiente de Alsacia, donde podemos quizás suponer su origen.

Se trata de un códice especialmente importante para el legado. Presenta asimismo algunas curiosidades, tales como una nota del mismo Daniel Sudermann diciendo que lo llevó de Colonia a Estrasburgo[10]; de Sudermann pueden ser también buena parte de las notas marginales, tales como la fecha de nacimiento del maestro Eckhart en 1290, anotada en el primer folio junto a la de Tauler (1340). Este códice fue tenido por Pfeiffer como uno de los *melio-*

9 Se siguen siempre aquí las siglas propuestas por Klimanek, Verzeichnis der in DW IV... (2005)

10 Véase la nota en el ms. *B1,* f. 120v. Sudermann es uno de los nombres más importantes para la preservación de los místicos alemanes medievales, ya que fue quien promovió la recuperación de muchos místicos, Eckhart entre ellos. Cf. Hornung, *Daniel Sudermann als Handschriftensammler...* (1957).

res, tal como se constata por la autoridad que da a sus variantes y las copias de este manuscrito que se encontraron en su legado[11].

El contenido del manuscrito es mixto, ya que se recogen fragmentos de sermones y de otras obras completas. En lo que concierne a la presente edición, no obstante, hay dos partes muy concretas que podemos considerar florilegios.

La primera, que es la que se edita como Libro I (ff. 16v-22v), recoge en esencia, según la cuenta de Pfeiffer, los dichos 49 a 65, si bien con un orden ostensiblemente diferente. Con algunas excepciones, todos los textos del Libro I son prácticamente únicos del legado de este manuscrito ***B1***.

La segunda, que se edita como Libro II (ff. 27r-28v), presenta varios textos que Pfeiffer recogió como fragmentos del *Liber positionum* (2, 5, 140, 141, 148). No son textos de legado único en este manuscrito, pero sí presentan en ***B1*** a veces una lectura muy acertada, a veces distinta a la ofrecida por Pfeiffer.

E2

El segundo ejemplar, ***E2***, es un manuscrito de la Biblioteca de la Abadía de Einsiedeln (Stiftsbibliothek) con la signatura Cod. 278 (1040). El libro, en cuarto, está escrito en pergamino y datado en la segunda mitad del siglo XIV[12]. Está escrito también en Alto Alemán, a doble columna, en letra gótica, y es posible que saliera de un *scrip-*

11 «Nachlass Pfeiffer», actualmente en la Biblioteca Nacional de Austria, en Viena, en los códices 15293, 15381, 15383.

12 Cf. Meier, *Catalogus codicum manu scriptorum qui in Bibliotheca Monasterii Einsidlensis*, pp. 249-253.

torium del entorno de Basilea.[13] Pfeiffer analizó también este manuscrito con interés y lo copió[14].

En el caso de las sentencias, concretamente, volvemos a encontrarnos aquí un florilegio (pp. 153 y 163), que es el que se edita como Libro III. El carácter de florilegio se siente bien en esta selección, especialmente por el orden con el que se introduce la colección, que de antemano se dice consta de diez fragmentos. Las correspondencias aquí con los textos de Pfeiffer son más diversas.

Criterios de edición

La edición de textos especiales, tales como las colecciones de *excerpta*, requiere una serie de excepciones en relación con lo que se puede considerar la «norma» en crítica textual. Así, frente a la intención de restituir los textos, o bien de lograr en ellos una unidad artificiosa, la propuesta científica para editar la literatura en extractos pasa necesariamente por la fidelidad del original del documento seleccionado. Se han seguido para ello los criterios de edición de la experta en florilegios, María José Muñoz Jiménez[15].

El texto editado, por este motivo, reproduce casi diplomáticamente el original. El objetivo de esta decisión es ofrecer al investigador un material de trabajo en el que se pueda reconocer el estadio de lengua de los textos, las singularidades ortográficas y sintácticas que presenta y, sobre todo, la particularidad lingüística de estos textos en los que confluyen varios decenios de historia de la lengua. Como se ve en estos tres florilegios, si bien estamos ante manuscritos ambos

13 De este mismo escritorio salió el manuscrito *E1*, también en Einsideln, con signatura Cod. 277 (1014). Es también un manuscrito en alemán con una importante colección de Eckhart.

14 Sus copias están en el *Nachlass Pfeiffer*, en la Biblioteca Nacional de Austria, en Viena, en los códices 15381 y 15383.

15 Cf. Muñoz Jiménez, *La edición de florilegios como 'edición especial'* (2004).

escritos en Alto Alemán (*Oberdeutsch*), hasta la forma de escribir el nombre del maestro varía. Aspectos puntuales referentes a los procesos de diptongación indican también el vivo momento en que fueron fijados, todavía en el siglo XIV.

Los textos se reproducen en el mismo orden con el que aparecen en estos dos manuscritos. El orden, por ello, no coincide con el que propuso Pfeiffer. Ahora bien: el lector comprobará pronto la enorme coherencia que tienen leídos así y no podrá sino admirar la enorme unidad de pensamiento que hay en el fondo de la compilación.

Dado que el material conocido y usado hasta ahora era el de Pfeiffer, el aparato crítico recoge solo las variantes de esta edición, y además únicamente casos de evidente divergencia. En este sentido, no se consideran las variantes ortográficas, sino solo aquellos ejemplos particulares en los que la lectura de Pfeiffer es diferente tanto en el sentido como en el contenido a la del manuscrito.

En la edición, asimismo, se ha operado con estas cuatro máximas:

- Se han resuelto todas las abreviaturas y marcas diacríticas del texto, también aquellas propias de la diptongación.
- Se ha adaptado la puntuación para facilitar la lectura.
- Cuando en la ortografía hay ambigüedades, se indica en nota la opción traducida con un «id est».
- Cuando ha sido necesario intervenir el texto cambiándolo, se edita con la palabra supuestamente correcta, anotándose con el aviso *coniecit* («*coni.*») y recogiendo la palabra que aparecía en su lugar.

El texto recogido en los manuscritos presenta un estadio de lengua posterior al del Medio Alto Alemán Clásico (*Klassisches Mittelhochdeutsch*). Ahora bien, la traducción siempre ha intentado mirar más al pasado antes que al futuro. Se ha recurrido por ello a interpretaciones semánticas más propias del *Mittelhochdeutsch* que del *Frühneuhochdeutsch*. En detrimento a veces de la comprensión, se ha procurado siempre una traducción relativamente ceñida al texto para facilitar a futuros investigadores la consulta y la comparación.

Lamentablemente, el proceso de edición emprendido por Josef Quint[16] no llegó a ocuparse de estos «dichos»; tampoco han sido analizados aún por su sucesor en esta empresa de la editorial Kohlhammer[17]. Por lo tanto, el conocimiento textual que tenemos hoy en día sigue siendo la propuesta de Pfeiffer[18], que es por ejemplo también el texto que sirvió de partida para algunas traducciones modernas.[19]

Estos dichos y «excerpta», por todo ello, proponen una revisión filológica profunda, máxime después de los avances hechos en el estudio de antologías y florilegios en los últimos años. Este libro, *La mística de una luminosa nada*, con el que se inaugura la colección *Sapientia Avrea* de la editorial Almuzara, es el primer paso para ello.

Bibliografía citada

Hornung, H. (1957). *Daniel Sudermann als Handschriftensammler: ein Beitrag zur Strassburger Bibliotheksgeschichte*. Tübingen (Tesis doctoral).

Klimanek, W. (2005). Verzeichnis der in DW IV benutzten Textzeugen und ihrer Siglen. http://www.meister-eckhart-gesellschaft.de/Hss-DW.htm

Landauer, G. (1903). *Meister Eckharts mystische Schriften, Verschollene Meister der Literatur* (Vol. 1). Schnabel.

16 Cf. Quint, *Vorläufiges Verzeichnis der benutzten Handschriften*, ed. 1958-1963.

17 Cf. Steer, *Meister Eckhart: Die deutschen Werke*, ed. 2003-2016.

18 Es decir, Pfeiffer, *Deutsche Mystiker des vierzehnten Jahrhunderts*, ed. 1857.

19 Piénsese, por ejemplo, en la traducción alemana de Landauer, 1903, pp. 218-233, o la traducción española de los dichos de Amador Vega, ed. 2011.

Meier, G., *Catalogus codicum manu scriptorum qui in Bibliotheca Monasterii Einsidlensis O.S.B. servantur*, Einsiedeln 1899, S. 249-253

Muñoz Jiménez, M. J. (2004). La edición de florilegios como 'edición especial', *Exemplaria Classica* 8, 123-133.

Muñoz Jiménez, M. J. (2017). La tradición de la literatura en extractos, una cuestión abierta. En J. de la Villa, *et al.* (eds.), *Conuentus Classicorum: temas y formas del Mundo Clásico. Vol. II* (pp. 617-640). Sociedad Española de Estudios Clásicos.

Parkes, M. B. (1976). The Influence of the Concepts of *Ordinatio* and *Compilatio* on the Development of the Book. En J. J. Alexander y M. T. Gibson (eds.), *Medieval Learning and Literature: Essays Presented to R. W. Hunt* (pp. 115-141). Oxford UP.

Pfeiffer, Fr. (ed.) (1857). *Deutsche Mystiker des vierzehnten Jahrhunderts* (2 vols.). Göschen.

Quint, J. (1971). *Vorläufiges Verzeichnis der benutzten Handschriften und ihrer Siglen (3. Fassung)* (Supplement zur Ausgabe von DW 2; Kohlhammer).

Quint, J. (ed. y trad.) (1958-1976). *Meister Eckhart: Die deutschen Werke* (vols. 1-3, 5). Kohlhammer.

Steer, G. v. (ed. y trad.) (2003-2016). *Meister Eckhart: Die deutschen Werke* (vols. 4/1, 4/2). Kohlhammer.

Triebel, E. *Textzeugen zu Meister Eckhart.* http://eckhart.de/index.htm?tzeugen.htm

Vega, A. (trad.) (2011). *El fruto de la nada y otros escritos* (Colección El Árbol del Paraíso, 13). Siruela.

Lista de equivalencias

LS (ed. Lombana Sánchez)	Pfeiffer (ed. de 1857)
1,01	Spr.53
1,02	Spr.54
1,03	Spr.55
1,04	Spr.56
1,05	Spr.57
1,06	Spr.58
1,07	Spr.01
1,08	Spr.59
1,09	Spr.60
1,10	Spr.61
1,11	Spr.62
1,12	Spr.63
1,13	Spr.64
1,14	Spr.65
1,15	Spr.49
1,16	Spr.49
1,17	Spr.50-51
1,18	Spr.52

1,19 .... Spr.52

2,01 .... Lp.140-141

2,02 .... Lp.148

2,03 .... Lp.02

2,04 .... Lp.05

3,01 .... Lp.06

3,02 .... Lp.07

3,03 .... Lp.08-09

3,04 .... Lp.10

3,05 .... Lp.11-15

3,06 .... Lp.16

3,07 .... Lp.17

3,08 .... Lp.22, 24, 29, 30, 31, 35 (frgs.)

3,09 .... Fragmento anónimo

3,10 .... Sermón Pf. 57,
(pp. 181,29-182,30)

LIBER I[1]

1[2]

|16v| 1 Diz sprach meister Eghart[3]. Es sint siben grede des schowenden lebens. Swer sich in schowendem leben iuben wil, der sol suochen ein heinlich[4] stat, und sol schowende leben iuben, wil und sol[5] zuo dem ersten male gedenken, wie edel sin sele ist, ds si ane mitten[6] von got geflozen ist. Und von diser betractunge sol ein mensche vallen in ein grosse froede.

2 Zuo dem andern male, so er diz wol betrachtet het, so sol er gedenken, wie got sine sele geminnet hat, ds er si geschaffen hat nach dem bilde der drivaltikeit, und allez ds got ist; von nature, ds mag siu[7] sin von gnaden. Und da muoz der mensche denne von not vallen in ein grosser[8] froede denne vor, wan ez ist wil adellicher, ds wir geschaffen sin nach dem bilde der driveltikeit, denne allein sin geschaffen ane mittel von gote.

3 Zuo dem dritten male sol ein mensche gedenken, wie er eweklich von gote geminnet ist, wan recht als die[9] driveltikeit eweklich ist gewesen, also het got den menschen eweklich **|17r|** geminnet.

---

1 Berlin, Staatsbibliothek, Ms. germ. oct. 12 (mgo), 16v-22v (*B1*).
2 Spr. 53 *Pfeiffer*.
3 Eghart] Eckehart *Pfeiffer*.
4 heinlich] heinliche *Pfeiffer*.
5 sol schowende leben ueben will, und sol] sol *Pfeiffer*.
6 mitten] mittel *Pfeiffer*.
7 siu] si *Pfeiffer*.
8 grosser] græzer *Pfeiffer*.
9 die] diu *Pfeiffer*.

LIBRO I

1

1 Así habló el maestro Eckhart. Los grados de la vida contemplativa son siete. Quien aspire a practicar una vida contemplativa está destinado a buscar un sitio tranquilo, porque si está llamado a las vidas contemplativas querrá y deberá pensar en primer lugar cómo de noble es su alma. Porque el alma ha fluido de Dios. Con esta observación está destinado el hombre a sumirse en una gran dicha.

2 Por otro lado, de haber entendido bien esto, tiene que pensar cuánto amó Dios a su alma como para haberla creado a imagen de la Trinidad, porque todo esto es Dios; por su naturaleza puede serlo por las gracias. En este punto, el hombre se entregará entonces por necesidad con una alegría mayor que antes, en tanto que es mucho más ennoblecedor que hayamos sido creados a partir de la imagen de la Trinidad, que únicamente haber sido creados solo mediante Dios.

3 En tercer lugar, deberá pensar el hombre lo mucho que es amado eternamente por Dios, pues si la eternidad fue amada por Él eternamente, eternamente lo será también el hombre.

4 Zuo dem vierden male sol ein mensche gedenken, wie in got eweklich geladet het[10] dar zuo, ds er ds selbe niesse mit got, ds got eweklich hat genossen, und iemer me niessen sol, und ds ist got selber.

5 Zuo dem fiunftem[11] mal sol ein mensche in sich selber gan und sol got in ime selber bekennen, und ds beschit nach diser wiese: want wesen mach[12] niht sin ane wesen und wesen wirt gefuoret mit wesen, wan enken dinch[13] mag gefuorot werden von der spise, e ds die[14] spise verwandelt wirt in ein selich nature, alz ds ist, ds da von gefuoret wirt; ds muoz beschehen von einem wesen, ds selber wesen si.

6 Nu ist enkein ding, ds von im selber wesen si, denne got. Her umbe so mag min sele von enkeinem dinge gefuoret werden wan von gotte. Und so der mensche also in sich selber gat, so vindet er got in ime selber. Wan wil got, ds ich sige, so muoz er mir wesen geben. Nu mag enkein wesen ane got bestan, und herumbe wil er, ds ich wesen habe, so muoz er sich selber mir geben.

7 Zuo dem sehsten mal sol die[15] sele sich selber in got bekennen, und ds beschit nach dirre wise: wan allez ds, ds in got ist, ds ist got. Wan nu min bilde ist eweklich in got gewesen, alz ez noch ist und iemer wesen muoz, herumbe so ist min sele eweklich, ein gesin mit got, und ist got, und also vinde ich mich in got; in also hoher wise stan, ds ich eweklich bin, gesin got in got. Und diz bringet dem menschen, der sich drinne geuben kan soliche froede, daz er nieman da von gesagen kan.

8 Zuo dem sebende male sol der mensche bekennen got in ime selber, wie er ist ane ane genge, uz dem alliu dinc geflozen sint.

---

10 het] hat *Pfeiffer.*

11 fünftem] fünften *Pfeiffer.*

12 mach] *i.e.* mag mac *Pfeiffer.*

13 dinch] *i.e.* dinc wesen *Pfeiffer.*

14 die] diu *Pfeiffer.*

15 die] diu *Pfeiffer.*

4 En cuarto lugar, deberá pensar el hombre cuánta eternidad habrá puesto Dios en él como para que disfrute junto a Dios exactamente de lo mismo que Dios lleva disfrutando eternamente, y que seguirá disfrutándolo más y más, y que es el mismo Dios.

5 En quinto lugar, el hombre deberá adentrarse en sí y reconocer en el interior a Dios; esto sucede así cuando el ser no puede estar sin el ser, y al ser se le alimenta con el ser; sucede de este modo porque no hay cosa que se pueda nutrir sin que dicho alimento se convierta antes en una naturaleza santa como de la que es alimentado. Mas esto debe suceder a partir de un ser que sea él mismo ser.

6 Ahora bien, no hay nada que sea ser en sí mismo salvo Dios. Por ello, pues, que mi alma no sea alimentada con ninguna otra cosa que no sea Dios. De este modo, el hombre al adentrarse en sí mismo encuentra allí a Dios. Si Dios quiere que triunfe, pues, habrá de darme dicho ser. Pues no puede existir ningún ser sin Dios, de ahí que si él quiere que yo tenga ese ser, él me lo tiene que dar.

7 En sexto lugar, el alma deberá reconocerse a sí misma en Dios, lo cual sucede del siguiente modo: todo lo que hay en Dios es Dios. De modo que si mi imagen ha estado siempre en Dios, en tanto que lo sigue estando y seguirá siendo ser, mi alma es eterna en consecuencia: es un estar con Dios y es Dios, por lo que me encuentro a mí mismo en Dios; y además, estoy en él en tan sublime modo que estoy eternamente en Dios; es un estar en Dios con Dios. Esto retribuirá al hombre que pueda practicar (por completo esta vida contemplativa) una alegría tal que nadie sabe explicar.

8 En séptimo lugar, deberá reconocer el hombre a Dios en sí mismo, en tanto que no tiene un comienzo del que todas las cosas han fluido.

9 Und dise[16] bekentnisse mag in disem lebenne nieman genzelich werden, **|17v|** wan ds lege an der beschowede goetliches wesens, ds hie niht mag gesin.

2[17]

1 Ir sunt wissen, ds alle unser vollekomenheit und alle unser selikeit lit dar an, ds der mensche durch gange und iubergange alliu geschaffenheit und alle zitlicheit und allez wesen, und gange in den grunt, der grundelos ist.

3[18]

1 Nu mer[19] git sich got der sele offenbar, noch alsi[20] bringe iren man, ds ist, iren frien willen genzelich.

16 dise] disiu *Pfeiffer*.

17 Spr. 54 *Pfeiffer. Continetur etiam in* Salzburg, Universitätsbibliothek, Cod. M I 476 (V 3 H 148/6), 112r (*S1*).

18 Spr. 55 *Pfeiffer*.

19 Nu mer] numer *Pfeiffer*.

20 noch alsi] noch . . . . si *Pfeiffer*.

9 Este símbolo no se cumplirá en esta vida para nadie, ya que todo esto recae en la contemplación de la esencia divina, algo que aquí no puede ser.

2

1 Tenéis que saber que toda nuestra perfección y toda nuestra dicha residen en el hecho de que el hombre avance, que vaya más allá de los seres creados, de la temporalidad y de todos los seres, y que se adentre en el abismo que no tiene fin.

3

1 Dios se revela al alma, mas porta aun así a su siervo, esto es, su libre albedrío al completo.

4[21]

1 Waz ist die[22] froede des herren, daz kan nieman verstan. Nu merkeit[23] doch etwaz dervon: diu[24] froede des herren, ds ist der herre selber und enkein ander, und der herre ist ein lebende wesende istige verniunftikeit. Diu[25] sich selber verstet, und ist und lebet selbe in ime selber, und ist ds selbe.

2 Hie zuo han ich ken[26] wise geleit, sunder ich han ime abe genomen alle wise, alz er selbe ist wise ane wise, und lebet und ist fro umbe ds, ds er ist.

3 Diz ist die[27] froede dez herren und ist der herre selber.

4 Daz wisse ist niht ds swarze, also ist iht nit niht.

5 Niht ist ds, von niht nit genemen mach[28]. Iht ist ds, von iht iht nemen mag. Also ist ez alzemale an got.

---

21 Spr. 56 *Pfeiffer*.

22 die] diu *Pfeiffer*.

23 merkeit] *i.e.* merket merkent *Pfeiffer*.

24 die] diu *Pfeiffer*.

25 die] diu *Pfeiffer*.

26 ken] *i.e.* kein.

27 die] diu *Pfeiffer*.

28 mach] *i.e.* mag mac *Pfeiffer*.

4

1 Nadie hay quien entienda qué es la dicha del Señor. Pero quedaos por lo menos con esto: la dicha del Señor es el Señor mismo y nada nadie más, y el Señor es una razón que existe, es y vive; que se entiende por sí misma, que es y vive por sí en Él, y es una con Él.

2 De este modo, a Él yo no le atribuyo ningún rasgo, sino que se los quito todos, en tanto que Él es por sí mismo ya forma sin forma y vive alegrándose de existir.

3 He ahí la dicha del Señor: que es el Señor mismo.

4 Del mismo modo que el blanco no es negro, también algo no es nada.

5 Nada es de donde no se puede sacar nada. Algo es de donde se puede extraer algo. Así sucede siempre con Dios.

6 Swaz iht ist, ds ist in got alzemale, dez bestet niht. Swenne diu[29] sele mit got vereint wird[30], so hat si an ime alzemale allez ds, ds iht ist, an aller vollekomenheit. Diu[31] sele vergisset da ir selber und aller dinge, as[32] si an ir selber ist, uf wekende sich an got gotlich, als got in ir ist; und also vil minnet sie[33] sich an ime und ist mit ime vereinet ane underscheit, ds si nihtez denne sin gebruchet, und sich sin frouwet. Ws wil se denne me begeren oder wissen?

5[34]

1 Daz got stete ist, ds machet alliu dinc loufende. Etws ist so lustlich, ds machet alliu dinch loufende, **|18r|** daz sie[35] wider komen in ds, von dem si komen sint, und belibet ez doch unbewegelich an ime selber, und ie denne iegelich dinch edeler ist, ie lustlicher ez loufet.

6[36]

1 Got mag als wenig gliche geliden, alz wenig er geliden mag, ds ez got niht ist.

2 Gelichnisse ist daz, daz niht an got ist.

3 Ez ist ein sin[37] in der gotteheit und in der ewikeit. Mer: gelicheit, ds ist ein. Wer ich ein, so wer ich niht glich.

---

29 die] diu *Pfeiffer.*

30 vereint wird] vereinet ist *Pfeiffer.*

31 die] diu *Pfeiffer.*

32 as] *i.e.* als als *Pfeiffer.*

33 sie] si *Pfeiffer.*

34 Spr. 57 *Pfeiffer. Continetur etiam in* Salzburg, Universitätsbibliothek, Cod. M I 476 (V 3 H 146(6)).

35 sie] si *Pfeiffer.*

36 Spr. 58 *Pfeiffer.*

37 ein sin] einsin *Pfeiffer.*

6 Si hay algo, esto está siempre en Dios, no pasa. En el momento en que el alma se une a Dios, ella siempre tiene en Él todo eso que es algo, en máxima plenitud. El alma se olvida entonces de sí misma y de todas las cosas en tanto que está ella consigo misma, elevándose divina hacia Dios en tanto que Dios está con ella; y mucho además se ama a sí misma en Él y se funde con Él sin diferencia, como para solo ya necesitarlo a Él y regocijarse de Él. ¿Qué más podría desear o conocer?

5

1 Que Dios exista hace que las cosas sean móviles. Algo hay lo suficientemente estimulante como para que las cosas se muevan; como para que regresen allí de donde vinieron. Aunque todo parezca que no se mueve por sí mismo, Él sí hace que las cosas, cuanto más nobles sean, más estimuladas se sientan a moverse.

6

1 Dios no tolera iguales como tampoco permite que no haya Dios.

2 Las semejanzas son aquello que no hay en Dios.

3 Hay un ser en la deidad y en la eternidad. En otras palabras: la igualdad es una cosa. Por lo tanto, si yo soy ese uno, no soy igual.

4 Glicheit: ds ist niht forme des in der einkeit, ez git mir ein sin[38] in der einkeit, niht glich sin[39].

7[40]

1 Gottes geberen in der sele ist nicht anders, wan ds sich got der sele offenbaret in einem niuwen bekentnisse mit einer niuwen wise.

2 Noch denne ist die sele selig in den werken, da si sich wider in gebirt, wan ds got in si geboren wirt.

3 Ds machet si niht vollen selig, mer si machet vollen selig, dz fur[41] sich wider in in gebirt.

8[42]

1 Daz erste werk, ds got wiurket in der sele, ds ist sinen sun geberen in der sele, und uz disem werke so flizent die anderen gaben in die sele, als gnade und tugent. Ds got vermag wiurken in der sele, ds <ist> sinen sun geberen in der sele, und diz muoz von not sin. Ez ist gottes eigen, ds er niht mag gelazen, er muoz[43] sich geberen, in mir, und in ouch[44] allen.

---

38 ein sin] einsin *Pfeiffer*.

39 glich sin] glichsin *Pfeiffer*.

40 *Continetur fragmentum sententiae in* Spr. 1 *Pfeiffer*, *quae secundum Triebel in pluribus codicibus invenitur*.

41 euer] *i.e.* eu er für *Pfeiffer*.

42 Spr. 59 *Pfeiffer*. *Continentur etiam in*: Berlin, Staatsbibliothek, Ms. germ. qu. 1084 (mgq) (*B6*) *et* London, British Library, Ms. Egerton 2188 (*Lo3*).

43 muoz] müeze *Pfeiffer*.

44 ouch] iu *Pfeiffer*.

4 La igualdad: no son formas de cuanto hay en la unidad, sino lo que me da ese estar en la unidad, no el ser igual.

7

1 El nacimiento de Dios en el alma no es diferente de cómo Dios se manifiesta al alma en un símbolo (de fe) nuevo de una manera nueva.

2 Entonces, más aún, el alma es feliz en las obras, pues se reencarna de nuevo junto a ellas cuando Dios nace para ellas.

3 Mas no solo esto las alegra, sino que su mayor dicha es que por ellas nazca de nuevo en ellas.

8

1 La primera obra que Dios hace en el alma es que su hijo nazca en el alma, y que de esta obra suya fluyan los demás dones para el alma, tales como la gracia y la virtud. Dios permite que esto suceda en el alma, es decir, que su hijo nazca en el alma, porque esto ha de ser así por necesidad. Es algo propio de Dios que no quiere dejar pasar; Él debe nacer, en mí, y también en todos vosotros.

2 Ich sprach[45] ouch, ds got gebirt mich sinen sun, und daz sprach[46] ich ouch von ouch[47] allen: ds wir alle werden geboren von got sinem sune.

3 Diz ist niht wunderlich, man mag ez bekennen bi der creature. Ds merke.

4 Ich sprach[48]: dieser mensche ist der niht, ich bin niht, ds ir sint, und ir sint niht, ds ich bin.

5 Nu tuont ab ds niht, so sigen[49] wir alle ein, tuont niht von allen creaturen, so sint alle creature ein. Ws da belibet, ds ist ein. Ws ist daz ein, ds ist der sun, den der vater gebirt.

6 Suln[50] wir nu der selbe sun sin, den der vatter gebirt, so muozen wir **|18v|** ab legen niht von allen creaturen. Ds niht, ds alle creature sint, ds bekuo(m)bert den menschen, ds er niht ist der selbe sun, den der vatter gebert[51].

7 Got heizet unns niht lazen, so muogen wir sin der selbe sun, den der vatter gebirt.

8 Und also muoz der mensche ein sin, und er muoz sich entfroemden von allen bilden und formen, e, er her zuo kuomen muege, ds er si der selbe sun, den der vater gebirt, und der mensche muoz lasen alle wesen, und niht alleine froemdez wesen.

---

45 sprach] spriche *Pfeiffer.*
46 sprach] spriche *Pfeiffer.*
47 ouch] iu *Pfeiffer.*
48 sprach] spriche *Pfeiffer.*
49 sigen] sin *Pfeiffer.*
50 Suln] *coni.* sun *B1* suln *Pfeiffer.*
51 gebert] gebirt *Pfeiffer.*

2 Ya dije también que Dios me alumbró hijo suyo, y así os lo dije también de vosotros mismos: que todos hemos nacido del hijo de Dios.

3 No es asombroso, sino que se puede reconocer con las criaturas. Date cuenta.

4 Dije: este hombre no es él, yo no soy lo que sois vosotros, vosotros no sois lo que yo soy.

5 Separaos pues de la nada para que seamos todos uno, pero no os alejéis de todas las criaturas, pues todas las criaturas son una. Lo que quede allí será todo uno. Y ese uno será el hijo al que alumbrará el Padre.

6 Si todos somos ese mismo hijo al que alumbra el Padre, no podremos alejar la nada de todas las criaturas. La nada que son todas las criaturas preocupa al hombre que piensa que él no es el mismo hijo al que alumbró el Padre.

7 Dios nos pide abrirnos a la nada para que podamos ser el mismo hijo al que alumbró el padre.

8 Por lo tanto, el hombre debe ser uno, debe extrañarse de todo, tanto imágenes como formas, antes de que pueda dirigirse al Señor para ser ese mismo hijo al que alumbra el padre, porque el hombre debe abandonar todos los seres, no solo al ser extraño.

9 Mer ouch, er[52] muoz ouch lazen sin eigen wesen, wan gotes sun und dez menschen sun, da sint niht zwene sune, mer ez ist ein sun, und ein wesen. Und also muoz sich der mensche entfroemden allen froemden wesen, und von allem sin[53] eigen wesen. Und muoz allein stan in dem blossen wesen, dez sunes in der gotheit. Ich hab gesprochen.

10 Sol der mensche der selbe sun sin, den der vatter gebirt, so muoz der mensche lassen allez, sin eigen wesen. Vil liute hant vil froemder wesen, wie solten sie ir eigen wesen den gelassen.

11 Der mensche muoz iemer lassen sin eigen wesen, sol er der selbe sun sin, den der vatter gebirt. Dar uf sprach[54] Paulus: »Wir solen verwandelt werden[55] in sinen sun«.

12 Daz ist also ze verstende: daz alleine der sun wirt geminnet von dem vatter, und her umbe alles, ds der vatter minnet, ds muoz er minnen in disem sun, und her umbe als[56] vil wir der selbe sun werden, den der vatter gebirt, alz vil werden wir verwandelt in sinen sun der minne, so sin wir der selbe sun.

13 Dez sit gewiz, ds dz von not muoz sin, ds in got muoz minnen in unns und in allen creaturen alz in sin[57] einbornen sune. Und diz geschiht, ds wir niht lazen[58] und unns froemden von nihte.

14 Der mensche sol alliu ding begeben und aller ding vergezzen, also daz er niht sol behalten denne einig wesen dez sunez. **|19r|** Diz schint groz und ist niht.

52 Mer ouch er] Mehr: er *Pfeiffer*.

53 sin] *coni.* sim *B1* sîm *Pfeiffer*.

54 sprach] sprichet *Pfeiffer*.

55 werden] sin *Pfeiffer*.

56 als] also *Pfeiffer*.

57 sin] *coni.* sim *B1* sîm *Pfeiffer*.

58 lazen] *coni.* lassen *B1Pfeiffer*.

9 Además, él debe confiaros su propio ser, como el hijo de Dios y el hijo del hombre, pues no son dos hijos diferentes, sino que son un único hijo, un único ser. Debe por ello el hombre extrañarse de todos los seres extraños y, ante todo, de su propio ser. Y debe permanecer solitario en ese único ser: en la deidad del hijo. Así he dicho.

10 Si el hombre hubiese de ser el mismo hijo al que alumbra el Padre, el hombre debe abandonar todo, también su propio ser. Mucha gente carga con el ser de los extraños frecuentemente. Estas personas ¿cómo abandonarán su propio ser?

11 El hombre debe abandonar siempre su propio ser, debe ser él mismo ese hijo al que el Padre alumbra. A este respecto, Pablo dijo: «Deberemos ser transformados en su hijo»[1].

12 Esto hay que entenderlo como que únicamente el hijo será amado por el Padre, de modo que todo cuando el Padre ame deberá amarlo en este hijo suyo, de ahí que en la medida en que nos volvamos ese mismo hijo al que el Padre alumbra, en esta medida nos transformaremos en su hijo del amor; así somos ese mismo hijo.

13 Estad seguros de que esto debe suceder por necesidad, de que Dios debe amarlo a él en nosotros y en todas las criaturas, como a su único hijo engendrado. Porque esto sucede para que nos abramos a la nada y nos separemos de la nada.

14 El hombre tiene que pasar por todas las cosas y olvidar todas las cosas, de modo que solo le quede el ser único del hijo. Parece grande pero no lo es.

1 2 Cor 3,18; Rom 8, 14; Rom 29,30.

15 Got heizet unns ein lihtez dinch. Er[59] heizet unns niht lazen[60]. Der sunder, varumb[61] stat, der hat niht gelaszen, und in disem, daz wir diz tuon, so han wir alle welt und richeit. Dem guoten menschen werdent alle[62] ding.

16 Dez sit[63] gewiz, bin ich besser denne ir, allez ds guot, ds ir tuont unde wz ir hant, ds ist me min denne uwer[64], wan allez, ds ir behaltent, ds behalten ir in niht.

17 Aber han ich niht gelazen[65], so bin ich der selbe sun, den der vatter gebirt.

18 So sint alle[66] dinch min in dem wesen gottes.

9[67]

1 Was mag suezzer wesen, den[68] einen friunt han, mit dem du allez ds, daz in din[69] herzen ist, muegest reden, alz mit dir selber? Ds ist war.

59 er] got *Pfeiffer*.
60 lazen] *coni.* lassen *B1Pfeiffer*.
61 varumbe] warumbe *Pfeiffer*.
62 alle] alliu *Pfeiffer*.
63 sit] *coni.* sint *B1Pfeiffer*.
64 uwer] iuwer *Pfeiffer*.
65 gelazen] *coni.* gelassen *B1Pfeiffer*.
66 alle] alliu *Pfeiffer*.
67 Spr. 60 *Pfeiffer*.
68 den] *i.e.* denne.
69 din] dim *Pfeiffer*.

15 Dios nos pone una tarea fácil. Nos pide abrirnos a la nada. El único que resista no habrá cedido, de modo que en aquel para quien hacemos esto tendremos todos el mundo y la riqueza. Todas las cosas serán para el buen hombre.

16 Estad seguros de ello: si soy mejor que vosotros, todo este bien que hacéis y que tenéis será más mío que vuestro; mientras que todo lo que preservéis, lo preservaréis en la nada.

17 Y yo, si me abro a la nada, seré el mismo hijo al que alumbra el Padre.

18 Todas las cosas son pues mías en el ser de Dios.

9

1 ¿Qué puede ser más agradable que tener un amigo con el que puedas hablar de todo lo que haya en tu corazón como si lo hicieras contigo mismo? Es verdad.

10[70]

1 Do got machete den menschen, do ws ds aller in reste der gotheit vereinet mit dem menschen.

11[71]

1 Waz ist gotes sprechen?

2 Der vatter siht uf sich selber mit eim einveltigen bekentnisse und sihet in die einvaltigen luterkeit sines wesens, da sihet er gebildet alle creaturen.

3 Da sprichet er sich selber, ds wort ist clar bekentnisse[72], und ds ist der sun.

12[73]

1 Swenne man sprichet mensche, so verstet man ein persone.

2 Swenne man sprichet menscheit, so verstet man aller menschen nature.

13[74]

1 Die meister sprechent, ws nature si.

---

70 Spr. 61 *Pfeiffer*.

71 Spr. 62 *Pfeiffer*.

72 bekentnisse] verstentnisse *Pfeiffer*.

73 Spr. 63 *Pfeiffer*.

74 Spr. 64 *Pfeiffer*.

10

1 En el momento en que Dios creó al hombre, todo se unió por completo al hombre en la paz eterna de la deidad.

11

1 ¿Cuál es el decir de Dios?

2 El padre se mira a sí mismo con un conocimiento único, se fija en la pureza única de su ser y ahí ve formadas a todas las criaturas.

3 Se dice entonces algo para sí; su palabra es un credo claro, porque se trata del hijo.

12

1 Cuando se dice «hombre» se tiene que pensar en una persona.

2 Cuando se dice «humanidad» se tiene que pensar en una naturaleza de todos los hombres.

13

1 Los maestros dicen lo que es la naturaleza.

2 Si ist ein ding, ds wesen enpfahen mag. Dar umbe eine gote gat[75] an sich die menscheit, niht den menschen.

3 Ich sprach[76], Christus wer der erste mensche. Alz wie ds erste in der meinunge ist ds leste an dem werk, alz ein tach, ist ds leste an dem huse.

14[77]

1 Daz oberoste antliuze der sele hat zwie werk.

2 Mit dem einen verstet si got und sine guote, und sin usfliusse. Da **|19v|** von minnet si got, hiute verstet[78] in und morne niht. Dar umbe lit ds bilde an den kreften niht durch ir unstetikeit.

3 Ein ander werk ist in dem obersten antliuze, ds ist verborgen, in der verborgenheit lit ds bilde.

4 Fiunf ding hat ds bilde an ime.

5 Ds I., ez ist von einem andern gemachet.

6 Ds II., ez ist geordent an ime selber.

7 Ds III., ez ist uzgeflozzen.

8 Ds IIII., ez ist ime gelich von nature; niht ds ez gotlich nature si, mer ez ist ein substancie, die[79] an ir selber bestet. Ez ist ein luter lieht unser[80] got geffozzen, da ist niht me underscheidez denne, ds ez got erstet.

9 Ds V., ez ist geneiget uf ds bilde, da von ez komen ist.

75 eine gote gat] einegote *Pfeiffer.*
76 sprach] spriche *Pfeiffer.*
77 Spr. 65 *Pfeiffer.*
78 hiute verstet] hiute unde verstet *Pfeifer.*
79 die] diu *Pfeiffer.*
80 unser] ûzer *Pfeiffer.*

2 Es algo que puede recibir ser. Por ello, una bondad va antes a la humanidad que a los hombres.

3 Yo dije que Cristo sería el primer hombre. Mas lo primero que se piensa es lo último de una obra, como sucede con los tejados, que es lo último de una casa.

14

1 El rostro más elevado del alma tiene dos obras.

2 Con una de ellas entiende a Dios, su bondad y sus emanaciones. De ahí que ame a Dios, lo comprenda hoy y mañana no. De ahí que el modelo resida en sus fuerzas, no en su perentoriedad.

3 La otra obra del rostro más elevado está oculta, de modo que en su ocultación reside el modelo.

4 Cinco cosas tiene el modelo de por sí.

5 La primera es que ha sido hecho por otro.

6 La segunda es que ha sido ordenado por Él mismo.

7 La tercera es que ha emanado.

8 La cuarta es que es de la misma naturaleza que Él; no es que sea de naturaleza divina, sino que, más bien, es una sustancia que subsiste por sí misma. Ha fluido una luz pura de nosotros hacia Dios; no hay diferencia casi de la que nace de Dios.

9 La quinta es que tiende al modelo del que vino.

10 Zwei ding zieret[81] ds bilde. Daz ein ez ist geverwet nach ime. Ds ander, ez hat etws ewikeit an ime.

11 Die[82] sele hat dri krefte an ir. Hie an lit ds bilde niht. Mer si hat ein kraft, ds ist ds wirkende verstentnisse.

12 Nu sprach[83] Augustus[84] und der niuwe meister, ds hie inne gelige einerhande gehiugnisse und verstentnisse und wille, und dise[85] driu, hant niht underscheidez.

13 Daz ist ds verborgen bilde, ds entwirt dem gotlichen wesen, und ds gotlich wesen schinet in ds bilde ane mitel, und ds bilde schinet in ds gotlich wesen an mitel[86].

14 Gottes wille ist, ds wir heilig sin und ds wir tuon diu werk, da mit wir heilig werden.

15 Heilikeit lit an verniunftikeit und an willen.

16 Die besten meister sprechent: »Heilikeit lig in dem grunde und in dem hoehsten der sele«.

17 Da die[87] sele ist in irem grunde, da si entwehset allen namen und ir eneigenen[88] kreften, wan die krefte sint ouch ein zu val. Also alz man got keinen namen geben mag, also mag man der sele keinen namen geben in ir nature.

18 Und da diu zwie ein werdent, **|20r|** da ist die[89] heilikeit. Wesen ist so edel, ds ez allen dingen wesen git, were kein wesen, so wer ein engel alz ein stein.

---

81 zieret] zierent *Pfeiffer*.
82 die] diu *Pfeiffer*.
83 sprach] sprichet *Pfeiffer*.
84 *I. e.* Augustinus.
85 dise] disiu *Pfeiffer*.
86 ds bilde … an mitel] *repetitur B1*.
87 die] diu *Pfeiffer*.
88 ir eneigenen] iren eigenen *Pfeiffer*.
89 die] diu *Pfeiffer*.

10 Dos cosas decoran el modelo. La una es que fue teñido como él. La otra tiene algo de su eternidad.

11 El alma tiene tres poderes consigo misma. Entre ellos no está el modelo, pero su poder es el del entendimiento capaz de actuar.

12 Dijeron de hecho Agustín[2] y el nuevo maestro[3] que aquí residen juntas la memoria, el entendimiento y la voluntad, y que estas tres no tienen diferencia.

13 Esta es la imagen oculta que nace del ser divino, y el ser divino brilla en la imagen sin intermediarios, y la imagen brilla en el ser divino sin intermediarios.

14 El albedrío de Dios es que seamos santos y hagamos la obra con la que nos santificaremos.

15 La santidad reside en la razón y en la voluntad.

16 Los mejores maestros lo dicen: «La santidad reside en los fundamentos y en lo más alto del alma»[4].

17 El alma, cuando está en sus fundamentos, crece dejando atrás sus nombres y sus propias fuerzas; también cuando las fuerzas están mutando. Así pues, del mismo modo que no se debe dar un nombre a Dios, tampoco se le deba dar al alma un nombre en su naturaleza.

18 Y cuando ambos sean uno, entonces, se le dará la santidad. El ser es tan noble que da ser a todas las otras cosas; y si no fuera ser, sería un ángel de piedra.

---

2 Ag. *De trinitate* 10, 9, 19.

3 Tom. Aq. *De anima*, 274, 4ss. Bernard. *Sermone in cantica cantorum* 11, 5.

4 Cf. Arist. *EN*, 9, 4. Tom. Aq. *In Et. Nic.* c. 4, l. IV.

15[90]

1 Meister Eghart sprach, ds Ysaias sprichet: »Din lieht ist dir komen, ds ewig ist und unwandelbar ist, und niuwe ist.

2 Und ds unbegriffenlich ist und vri[91] ist und eigen ist. Und dar umbe mag sich din herze wol frouwen oder wunderen.«

3 Nu ist ein frag: wie mag ein lieht heissen, sit ez unbegriffen ist? Wie komm[92] ez ds unwandelber ist? Wie mag ez heissen din, ds fri ist?

4 Her zuo sprach[93] ich zuo dem ersten mal: ds got ist ein luterkeit, die[94] in ir selber ein liecht ist und die[95] in allen geschaffenen dingen ein liecht ist. Und in dem alle creature ein liecht sint.

5 Und dez ersten ist ein rede, wan dez liecht eigenschaft ist ds, ds ez an ime selber ist luter und clar, und ist anderer dinge offenbarunge.

6 Nu gehoeret diez gar eigenlich[96] got zuo? Dar umbe sprach[97] ich, ds got ist ein liecht in ime selber.

7 Daz ander bewert[98] man also, wan ein iegelich gesachet ding ist ein offenbarunge der ersten sache.

8 Doch so ist got in unnz ein vernunft lieht, wan unser vernunft mag nit gesehen die blossen warheit in dem geschaffen lieht, wan kein ding mag geben, ds ez niht hat.

90 Spr. 49 *Pfeiffer.*
91 vri] url *Pfeiffer.*
92 komm] kumet *Pfeiffer.*
93 sprach] spriche *Pfeiffer.*
94 die] diu *Pfeiffer.*
95 die] diu *Pfeiffer.*
96 eigenlich] eigenliche *Pfeiffer.*
97 sprach] spriche *Pfeiffer.*
98 bewert] beweret *Pfeiffer.*

15

1 El maestro Eckhart dijo que Isaías expuso: «Ha venido tu luz, que es eterna, que es inmutable y que es nueva.

2 Que es incomprensible y es libre y es singular, por lo que tu corazón habrá de alegrarse por ello o asombrarse»[5].

3 La pregunta, pues, es: ¿cómo se puede mandar una luz que es incomprensible? ¿Cómo que es inmutable? ¿Cómo se llamará entonces la tuya, que es libre?

4 A este respecto, repuse la primera vez que Dios es una pureza que en sí misma es una luz y que es una luz creada en todas las criaturas. Y en esta luz, todas las criaturas son una luz.

5 Lo primero que hay que decir, pues, es que la característica de la luz es que en sí misma es pura y clara, y es la revelación de otras cosas.

6 ¿No tiene esto que ver acaso con el mismo Dios? Por ello dije al respecto que Dios es una luz en sí mismo.

7 Lo demás se corrobora en el hecho de que cualquiera de las cosas creadas es una revelación de la primera cosa.

8 Dios, sin embargo, es una luz de razón cuando nuestra razón no logra ver del todo la mera verdad de la luz creada, o bien cuando no quedan cosas que tenga la nada.

---

5 Cf. Is 9,2; 60,1; 66,10-13.

9 August sprach[99], unser vernunft mag niht die lutere wahrheit bekennen, wan in einem lieht, ds genzelich si einweltich und pur, und das ist got

10 Ds drite, das bewiset man damitte, wan ist die creature ein lieht, und ist got ein lieht, alz da vor bewert[100] ist, so ist der creature sin niht anders in got den[101] ein lieht, in dem lieht sin.

11 Nu ist ein lieht in dem anderen lieht[102] anders niht den ein lieht, dar umbe so muoz ez war sin.

12 Du sprichest, lieht ist, ds unser vernunft **|20v |** in diesem leben siht.

13 Die luteren warheit mit dem lieht, ds got ist. So ist ouch ds war, dz der mensche hie got sihet.

14 So muoz dz von not war sin, dz ein mensche hie selig werde.

15 Her zuo antwiurt ich also und sprach[103]: swie ds si, ds ein mensche hie sehe die warheit mit dem lieht[104], ds got ist, doch sieht er nit, wz got ist, wan er gebruchet dez lichtes alz einz mitels.

16 Ich sprach[105]: und sehe er ouch got, also er were doch niht[106] selig, wan got in der rede dez mitels ist niht anders den ordenunge zuo der creature.

---

99 sprach] sprichet *Pfeiffer*.

100 bewert] beweret *Pfeiffer*.

101 den] *i.e.* denne.

102 lieht] liehte *Pfeiffer*.

103 sprach] spriche *Pfeiffer*.

104 lieht] liehte *Pfeiffer*.

105 sprach] spriche *Pfeiffer*.

106 doch nicht] doch sô wêre er niht *Pfeiffer*.

9 Agustín dijo que nuestra razón no puede reconocer la pura verdad salvo en una luz, que es íntegramente pura y singular, la cual es Dios[6].

10 Lo tercero con lo que se demuestra esto es que en la medida que la criatura es una luz y Dios es una luz tal como se corroboró antes, el ser de las criaturas no es otra cosa en Dios más que una luz en la que hay luz.

11 Así que una luz en la otra luz no es más que una luz, por lo que esto debe ser verdad.

12 Dices que la luz es que nuestra razón vea en esta vida.

13 Las verdades puras (están) con la luz, que es Dios. Por lo tanto, verdad es también que el hombre aquí vea a Dios.

14 Así que debe ser una necesidad, ciertamente, que un hombre se vuelva feliz aquí.

15 A esto respondo yo, porque lo dije yo también: sea como sea que un hombre vea aquí la verdad con la luz, que es Dios, no verá, sin embargo, qué es Dios mientras se sirva de la luz como de un medio.

16 Así lo dije, porque aun viendo a Dios no sería feliz, en tanto que Dios, al hablar del modelo, no es más que el orden para las criaturas.

6 Cf. Ag. *Sol.* 1, 3; *Acad.* 3, 11-30.

17 Und dar umbe solt du merken, dz got niht selig machet, nach dem als er ein bigennen ist, wan also bihoeret er allen digen zuo, noch nach dem alz er ein mitel ist, wan also bihoeret er der creature zuo. Noch nach dem als er ein ende ist, wan also behoret er ab allen dingen zuo.

18 Noch machet ouch[107] nit selig, alz er diz allez ist.

19 Mer er machet selig, alz viel er uber diz allez ist, alder machet selig, als were er got envelteklich, und alz viel er ist einwelteklich ein luter lieht in ime selber.

20 Nu mohtest du sprechen, wie mag er ein lieht sin, sit er unbegriffen ist?

21 Her zuo sprach[108] ich also, da mit dz er unbegriffen ist, dar umbe ist er ein lieht.

22 Ich sprach[109] me, unbegriffenlicheit ist ein liehttikeit, und dz ist also offen, wan sin unbegriffenheit ist gegossen uf sin ane endikeit.

23 Nu ist si ane endekeit gossen uf sin einvaltikeit und uf sin luterkeit, nu machent[110] diz in got ein liehtikeit[111].

24 Darumbe ist es wol gesprochen, dz got ein lieht ist.

107 machet ouch] machet er ouch *Pfeiffer*.

108 sprach] sprich *Pfeiffer*.

109 sprach] spriche *Pfeiffer* .

110 machent] machet *Pfeiffer*.

111 liehtikeit] *coni.* luterkeit *B1* liehtikeit *Pfeiffer*.

17 Date cuenta de que Dios no hace feliz por ser Él un comienzo (en tanto que es parte de todas las cosas) ni tampoco por ser un medio (en tanto que es parte de todas las criaturas) ni tampoco por ser un fin (en tanto que Él es parte también de todas las criaturas).

18 Tampoco las hace felices en tanto que Él es todo.

19 Él, más bien, las hace felices en tanto que está por encima de todo; o bien: las hace felices que Dios sea perfecto, en tanto que es únicamente una luz perfecta en sí mismo.

20 Te gustará decir: ¿cómo es posible que sea una luz si él no es comprendido?

21 A este respecto te dije que eso de que no es comprendido es porque es una luz.

22 También te dije que lo de la incomprensión es una nimiedad, porque está dicho que su incomprensión fue derramada sin límites.

23 Esta incomprensión fue vertida sobre su perfección y su pureza, de modo que estas cosas hacen esto en Dios: una luz sin límites.

24 Por todo ello es cierto decir que Dios es una luz.

25 Hie solt du du doch wissen, ds du[112] gesiht dirre warheit mit dem goetlichen lieht niht wirt gelernet in der schuole der ubungen der **|21r|** creature; mer; si wirt gelernet in der schuole aller ablegunge und abgeschiedenheit aller creature, und in dieser lerunge muoz der himel diu schuole sin, ds buoch sol sin ein herze, die[113] ewikeit sol sin die[114] lectio.

26 Ds ungeschaffen lieht sol sin der meister und die warheit sol ouch der meister sin.

27 Daz meinte David, do er sprach: »O got, in dinem lieht[115] sehen wir ds lieht.«

28 Von dem anderen solt die[116] merken, wie kumet der, der unwandelber ist und wie kumet der, der an allen steten ist; zuo wem kumet der, der in allen herzen ist.

29 Her zuo sprach[117] ich, er kumet nit also, ds er ihzit werde, oder in ime[118] selber ihzit gewinne.

30 Mer er kumt ordenunde, er kumt, der da verborgen ws, und offenbart sich selber.

31 Mer er kumet alz ein lieht also, ds das in der liuten herzen verborgen ws und in ihr vernunft, also ds ez nu werde geformet mit der vernunft, und in der begirde und in dem aller in resten sins gemiutes.

32 Nu ist er also in der inwendikeit, also ds da niht nit ist an in, so mag da niht nit sin mit ime.

112 du] *coni.* die *B1.*
113 die] diu *Pfeiffer.*
114 die] diu *Pfeiffer.*
115 lieht] liehte *Pfeiffer.*
116 die] du *Pfeiffer.*
117 sprach] sprich *Pfeiffer.*
118 oder in ime] oder ime *Pfeiffer.*

25 A este respecto habrás de saber que el rostro de esta verdad con la luz divina no se aprende en la escuela de los ejercicios de las criaturas, sino que, más bien, se aprende en la escuela de todas las renuncias y del alejamiento de todas las criaturas. En esta doctrina, el cielo está llamado a ser escuela, el libro será su corazón y la eternidad será su enseñanza.

26 La luz no creada será la del maestro y la verdad será también la del maestro.

27 Es a lo que se refería David cuando dijo: «Oh, Dios, en tu luz vemos la luz»[7].

28 Por otro lado, esta (lección) deberá tener en cuenta cómo acude el que es inmutable, cómo llega el que está en todas las cosas, a quién acude el que está en todos los corazones.

29 A este respecto dije que no acude para convertirse en algo o para ganar el algo en sí mismo.

30 Él más bien acude ordenando, así acude el que está oculto allí y se revela a sí mismo.

31 Él, más bien, acude como una luz que permanece oculta en los corazones de la gente y en su razón, de modo que pueda formarse de nuevo con la razón, así como en las pasiones y en el resto de su ánimo.

32 Él, por lo tanto, está en la cara interna, esto es, ahí donde en ellos no hay nada, de modo que la nada no puede estar en Él.

---

7 cf. Sab 35, 10

33 Mer er ist allein alles, ds da ist. Dar umbe kumet er, so sich also ziuget in der vernunft und in der begirde, also dz da niht nit si ane in, und niht nit mit ime.

34 Mer die[119] vernunft und die[120] gegirde sigen[121] allein sinvol, und wer ez also merket, nihtes niht an in, nihtes nit mit ime, mer allein ein stat got. Und selber niht enweiz nit, ds er got ein stat ist, alz David sprichet: »Herre, das liht dinez antliutzes ist gezeichent uber unnz.« Reht alz ob er spreche: »Du sol[122] swigen und ruwen und siufzen und mitel von der vernunft nehmen, und luter in din begirde verwandelen.«

35 Dz du von siner **|21v|** gotlicher hemelicheit enpfindest, rede mit ime, alz einer redet mit sinen ebenmenschen, und also, so du von erster mit got redest. Unde von got in der dritten persone, so redest du mit got in der anderen persone.

36 Mer du solt aller ding vergessen und solt allein got wissen und solt sprechen: »Du bist min got, wan du bist allein innewendig; du bist allein alle ding.«

37 Einkein creature ist gottes enpfehnkelich, wan diu[123] nach gottes bilde geschaffen ist, als der engel und dez menschen sele: die sint gottes emphenklich, ds er si in ir und in ime.

119 die] diu *Pfeiffer*.

120 die] diu *Pfeiffer*.

121 sigen] *coni.* sig *B1Pfeiffer*.

122 sol] solt *Pfeiffer*.

123 diu] *coni.* du *B1* diu *Pfeiffer*.

33 Él, más bien, está en todo lo que es, por lo tanto, acude en tanto que se muestra en la razón y en la pasión, de modo que allí no hay ya nada salvo Él y tampoco nada con Él.

34 La razón y el deseo, es más, vencen, y con razón: quien se dé cuenta de esto no tendrá la nada en él, no tendrá la nada con él, sino que estará únicamente en Dios. Mas así, aún, no sabrá que Dios es un estadio, como dice David: «Señor, la luz de tu rostro está marcada sobre nosotros»[8]. Esto es lo mismo que si hubiera dicho: «Guardarás silencio y reposarás y suspirarás y tomarás el remedio de la razón, y convertirás en pura tu pasión».

35 Porque para sentir ese hogar divino suyo tienes que hablar con Él como uno habla con su prójimo, tienes que ser igualmente el primero en hablar con Dios. Y (hablando) en tercera persona, hablarás con Dios en la persona de otro.

36 Es más, habrás de olvidar todas las cosas, habrás de conocer solo a Dios y habrás de decir: «Tú eres mi Dios cuando estás solo dentro de mí. Solo tú eres todas las cosas».

37 La criatura que ha sido creada a semejanza de Dios no puede acogerlo, sino solo las almas de los ángeles y del hombre: estas sí pueden acoger a Dios porque Él está en ellas y en él.

8 cf. Sab 4,7

38 Anderen creaturen ist got wesenlich, niht das sie in begriffen haben und[124] allein dar umbe ds siu[125] got sehen, mer ds si got siht in iren aller inwondigesten[126] und ouch mit sinem gewalte, niht dar umbe ds er niht nit ane si[127] vermuege, mer ds wirt[128] ane in niht nit vermuege[129].

39 Ds aber got in der sele ist, alz in ime selber, dar umbe heiset die sele ein stat, wan wa ein mensche geverwandelt, ds heisset sin stat[130] und heisset ouch die seele ein stat dez fridez. Wan wa got ist, alz in ime selber, da ist himelrich und ouch fride ane betruebnisse, frolich und liepliche.

40 Ein seliche[131] sele ruewet in got alz in irem eigennen und mire[132].

16[133]

1 Der mensche, der sin selber zemal zu gangen were luderlich, der funde alzemale in got, und got mit ime[134]. Der wiurket glich, wan allez, ds er ist, ds ist er got, und alles, das got ist, das ist er ime, wan got ist zemale diesem, und ist zemale diz.

2 Und dis ist zemale in got. Und ist zemale got.

3 Wan sie sind so, gar ein ds, dz **|22|** ein ane ds anderer niht sin mag.

124 und] mêr *Pfeiffer*.
125 siu] sie *Pfeiffer*.
126 inwondigesten] *i. e.* inwendigesten inwenigesten *Pfeiffer*.
127 si] sie *Pfeiffer*.
128 wirt] wir *Pfeiffer*.
129 vermuege] vermügen *Pfeiffer*.
130 wan wa … sin stat] ommit. *Pfeiffer*.
131 seliche] seligiu *Pfeiffer*.
132 mire] mêre *Pfeiffer*.
133 Spr. 49 bis *Pfeiffer*.
134 ime] *coni.* got *B1Pfeiffer*.

38 Dios es parte esencial de otras criaturas, pero no porque lo hayan entendido y solo por eso vean a Dios, sino porque Dios las ve a ellas en su cara más interna, y además con todo su poder; no porque Él no pueda nada sin ellas, sino porque todo esto sin Él no es posible.

39 Dado que Dios está en el alma como dentro de sí, por ello se dice que el alma es un estadio ahí donde es transformada; esto se llama estadio, como se llama también al alma un estadio de la paz. Ahí donde está Dios, en tanto que Él está en sí mismo, ahí está el reino de los cielos, así como la paz sin preocupaciones, alegre y amable.

40 Un alma feliz descansa en Dios como en sí misma y en mucho más.

16

1 El hombre que con pureza se vuelva en sí se encontrará por completo en Dios y a Dios con Él. Él obra igual en tanto que todo lo que es, es Dios, y todo lo que es Dios está en Él en tanto que Dios está siempre para él y es todo esto.

2 Y esto está siempre en Dios porque es siempre Dios.

3 Así son los dos uno, ya que el uno no puede ser sin el otro.

17[135]

1 Die[136] sele hat nit underscheides von Christo, wan ds die[137] sele hat ein geboren wesen und ein geschaffen wesen, dez hat[138] Christus niht an der ewigen persone. Und mohte die[139] sele ir geborenheit und ir geschaffenheit alzemale abgelegen, so were sie alzemal dz selbe und rechte ds selbe wesen.

2 Ich sprach[140]: »Leg ab din creature.« Wan es ist cretaure ablegen, wan die[141] arbeit minnet sich selber, und ie mer pin ie grosser froide.

3 Swer drie[142] dinge[143] an im hat, der ist geminnet von got: die[144] erste ist verziehunge dez guottes[145]; die[146] ander aller friunde; die dritte verziehen sin selber[147].

18[148]

1 Meister Eghart sprach, daz wir in dem wesen der sele got wol sehen mugen und bekennen, mer alz viel ein Mensch.

---

135 Spr. 50-51 *Pfeiffer*.
136 die] diu *Pfeiffer*.
137 die] diu *Pfeiffer*.
138 hat] enhât *Pfeiffer*.
139 die] diu *Pfeiffer*.
140 sprach] spriche *Pfeiffer*.
141 die] diu *Pfeiffer*.
142 drie] diu *Pfeiffer*.
143 dinge] *coni.* dig *B1Pfeiffer*.
144 die] diu *Pfeiffer*.
145 guottes] *i.e.* gottes gottes *Pfeiffer*.
146 die] diu *Pfeiffer*.
147 selber] selbes *Pfeiffer*.
148 Spr. 52 *Pfeiffer*.

17

1 El alma no tiene diferencia con Cristo en tanto que tiene un ser nacido y un ser creado, el cual, sin embargo, no lo tiene Cristo en la persona eterna. Si el alma quisiera dejar para siempre esta encarnación y creación seguiría siendo por completo la misma, y seguiría siendo el mismo ser.

2 Yo dije: «Aparta de ti la criatura». Cuando se ha apartado la criatura, el esfuerzo se quiere más, y a mayor dolor, mayor alegría.

3 Quien tenga tres peticiones para Dios será amado por él: la primera es el perdón de Dios; la segunda, de todos los amigos; la tercera, perdonarse a sí mismo.

18

1 El maestro Eckhart dijo que podemos ver bien y reconocer a Dios en el ser del alma antes que al hombre.

2 In diesem leben, mit sinem bekenntnisse, ie naher kumt er[149] dem wesen, der sele ie naher in dem bekentnisse gotes, und ds bescheit allein mit ablegen der creature und mit einem uzgange sins selbes.

3 Du[150] solt wissen, wie ich die creature minne in got, doch kann ich got niemer in der creature alz luter geminnen alz in mir. Du solt noch zu dir selber gan wider in dich selber. Da lit und wonet die[151] warheit, die nieman windet, der sie in usseren dingen suochet.

4 M. Magdala, do sich die[152] aller creature bewag und in ir herze gieng, do want sie unseren herren.

5 Got ist luter und clar. Her umbe mag ich got niemer vinden, den in einem luterem. Nu ist die inwendigkeit minre sele clarer und luterer den kein creature.

6 Her umbe so vinde ich got aller sicherlichest in miner inwendigkeit. Ich bin ouch ein leben in der inwendigkeit gottes. Wan allez ds, ds in dem vater, ds ist ein ein leben in ime.

7 Alz Iohannis sprach, ist ez alz das der vatter gebirt dem sun, und in dem selben in dem selben geberen, so flusse[153] ich von im.

8 Nu sprach er diz wort, ds der sun ist in im selber, und in siner inwendig sten inwendikeit, wan nu allez ds, ds in im **|22v|** geschaffen ist, ist ein leben in im. Her umbe so bin ich ein leben in der inwendikeit gottes.

9 Johannes und ds leben ws ein lieht der liute; merke, wie er sprach: »Ds gottlich lieht in unz ist, ist unser lieht, in de wir allie[154] ding sehen, die wir mit der vernunft begreifen.«

149 kumt er] *coni.* kumt *B1Pfeiffer.*
150 du] *coni.* diu *B1* du *Pfeiffer.*
151 die] diu *Pfeiffer.*
152 die] diu *Pfeiffer.*
153 flusse] fliuze *Pfeiffer.*
154 allie] alliu *Pfeiffer.*

2 En esta vida, en este símbolo de fe, cuanto más se acerca uno al ser, más cerca se está del alma en el símbolo de Dios. Esto sucede únicamente apartando las criaturas y con una salida de sí mismo.

3 Has de saber cómo amo a las criaturas en Dios, pero no puedo amar a Dios en las criaturas de un modo más puro como en mí. Debes ir a ti mismo, de nuevo hacia ti. Ahí reside y habita la verdad que nadie que busque en nuestras cosas encontrará.

4 María Magdalena, en cuanto se alejó de toda criatura y se dirigió a su corazón, encontró allí a nuestro Señor.

5 Dios es puro y claro. No podré por ello encontrar a Dios, sino en lo más puro. Y la cara interna de mi alma es más clara y pura que ninguna criatura.

6 Por ello encuentro a Dios con toda seguridad en mi interior. Yo soy también una vida en el interior de Dios. Porque si todo lo que hay está en el Padre, hay una vida en Él.

7 Según dijo Juan, es como si el Padre alumbrara al hijo y en este mismo, en este mismo, naciera, así como si fluyera de él[9].

8 Así dijo aquello de que el hijo está en él mismo y en su cara interna más interna, que cuanto todo ha sido creado en él, es una vida en él. Por eso soy una vida en la interioridad de Dios[10].

9 Juan y la vida fue una luz de la gente, fíjate lo que decía: «La luz divina está en nosotros, es nuestra luz, en la que vemos todas las cosas que captamos con la razón»[11].

9 Cf. Jn 1,9-10, 32-34.

10 Cf. Jn 1,1-3; 14,6-7.

11 Cf. Jn 1,4.

19[155]

1 Got ist ein wesen und ein vollekommen wesen. Und ane diz alliu wesen niht sint. Wan alliu wesen sint von sinen wesen, ds wir ds selbe wesen sin, dez helfe unnz got. Amen.

Ego sum via veritas et vita

Sermo Magistri Eghardi

155 Spr. 52 *Pfeiffer*.

19

1 Dios es un ser y un ser perfecto. Y sin él no puede haber otros seres. Sea el ser que sea por su ser, ayúdenos Dios a ser el mismo ser. Amén.

Yo soy el camino, la verdad y la vida.

Sermón del Maestro Eckhart.

LIBER II[156]

1[157]

1 Eya, nu sprechen wir, wart von Christo und von sinem iubernaturlichen lieht.

2 Nu ist ds iubernaturlich lieht Christi sele creature, und Christi sele is ouch creature.

3 Nu vragen die meister weders[158] under zwin creaturen, ds edeler si. Und dez fraget ich ouch einen wissen meister.

4 Do sprach er, an einem teil ist ds lieht edeler, an dem anderen die sele Christi.[159]

156 Berlin, Staatsbibliothek, Ms. germ. oct. 12 (mgo), 27r-28v (*B1*).

157 Lp. 140,674,25-35 *Pfeiffer* (LS 2,1,1-10) et 141 (LS 2,1,11-14). *Continentur in aliis codicibus sc.* Augsburg, Universitätsbibliothek, Cod. III.1.4° 33, f. 233v (*Mai1*); Berlin, Staatsbibliothek, Ms. germ. qu. 1132 (mgq), 59v-60v (*B9*); Ebstorf, Stiftsbibliothek, Cod. 277 (1014), 210r (*E1*); München, Bayerische Staatsbibliothek, Cgm 5250/10a, 7r (*M61*); Nijmegen, Stadtbibliothek, Cod. Cent. IV, 40, 49v (*N1*); Strasbourg Bibliothèque Nationale et Universitaire, ms. 2795, 290v (*Str3*); Frankfurt, Universitätsbibliothek, Hs. 63, 17v (*Fr5*); Sankt Gallen, Bibliothek des Benediktinerstifts, Cod. Sang. 972a, 15X (*G1*). *Continetur etiam solum* Lp. 140 *Pfeiffer in* Basel, Öffentliche Bibliothek der Universität - Cod. B XI 10, 190r, solo 140. (*Ba1*).

158 weders] *i.e.* weder es.

159 Eya, nun sprechen wir ... sele Christi] Un iste in vrâge. Wan daz lieht, daz Kristi sêlen übernâtûrlich was und ez doch crêatûre was, und unsers lieben herren sêle ouch selbe ein crêatûre ist, nû vrâgent die meister, weder dirre crêatûren edeler under hoeher ist? Des vrâget ich einen wisen meister, der sprach, an eime teile si daz lieht edeler, an dem andern diu sêle Kristî *Pfeiffer*.

LIBRO II

1

1 Oh, decimos que sois de Cristo y de su luz sobrenatural[12].

2 La luz sobrenatural es criatura del alma de Cristo y el alma de Cristo es también criatura.

3 Así que los maestros preguntan cuál de las dos criaturas es la más noble. Lo mismo le pregunté yo también a un sabio maestro.

4 Este me dijo que en una de las dos partes, la luz es más noble, mientras que en la otra lo es el alma de Cristo.

12 Cf. Gál 3,26-29. Rom 12,4-8.

5 Nu merkent, ws ds iubernaturlich lieht si.

6 Do Christi sele geschaffen wart, do wart si ir selber benomen, und wart iuber sich selber bracht in der drier einigkeit. Da wart sie geeineget ds, ws ir niht naturlich, ez, ws alle iuber naturlich[160] ds an Christo[161] geschah.

7 Diz geschehe[162], heiset ein iuber naturlich lieht und edeler[163] denne die[164] sele cristi, alz ir selbe merken muogent.

8 Ein iegelich ding, ds ds ander ziert[165], ist edeler denne ds, ds[166] da gezieret wird.

9 Dez hant ein gelichnisse, alz die[167] materie gezieret wirt von der varwe, also wirt die[168] varwe geoffenbart von der materie, wan sie keinen[169] enthalt hat[170] an ir selber[171].

10 Seht, alsus ist Christi sele gezieret von dem iubernaturlichen lieht, und aber Christi sele offenbart ds iubernaturlich lieht.

11 Nu merkent, wie die[172] sele Christi edeler si denne ds iubernaturlich lieht. Do ds iubernaturlich lieht an Christi sele sin werk gewiurk[173] hette[174], ds geschah an einem blike.

160 naturlich] natûre *Pfeiffer*.

161 Chirsto] Kristi *Pfeiffer*.

162 geschehe] geschehen *Pfeiffer*.

163 lieht, und edeler] lieht. Hr inne vermöhte Kristî sêle allez, daz si vermöhte in dirre geschehenheit. Her an ist daz übernaturlich lieht edeler *Pfeiffer*.

164 die] diu *Pfeiffer*.

165 ds ander zueret] dâ zieret daz ander, daz *Pfeiffer*.

166 ds] omisit. *Pfeiffer*.

167 die] diu *Pfeiffer*.

168 die] diu *Pfeiffer*.

169 keinen] enkeinen *Pfeiffer*.

170 hat] omisit. *Pfeiffer*.

171 selber] selber hat *Pfeiffer*.

172 die] diu *Pfeiffer*.

173 gewiurk] geworht *Pfeiffer*.

174 hette] hâte an Kristi sêle *Pfeiffer*.

5 Fijaos por ello bien qué es la luz sobrenatural.

6 Cuando se creó el alma de Cristo, esta fue tomada de ella misma, siendo portada a través de ella en la unión de los tres. Allí se unió a ella lo que por naturaleza no tenía, aquello que sucedió en Cristo de manera sobrenatural.

7 «Que así sea»[13], dijo una luz sobrenatural, y además de un modo tan noble como el alma de Cristo para que vosotros mismos podáis verlo.

8 Lo que decora es más noble que lo decorado.

9 Es lo mismo que pasa como cuando la materia se decora con color, esto es, cuando el color se manifiesta en la materia, aun cuando esta no tenga ninguno por sí misma.

10 Fijaos entonces cómo la luz sobrenatural decora el alma de Cristo, pero porque el alma de Cristo revela la luz sobrenatural.

11 Notaréis entonces que el alma de Cristo es más noble que la luz sobrenatural, pues el momento en el que la luz sobrenatural hizo su obra en el alma de Cristo fue instantáneo.

13 CF. Gén 1,3.

12 Do hette[175] Christi sele mit dem[176] iubernaturlichen lieht nit mer ze schaffende[177], wan die[178] einunge goetlicher und menschelicher nature[179] geschah **|27v|** in einem blik zemale an einer persone.

13 Seht, hie ist die[180] sele Christi edeler denne dz iubernaturlich lieht.

2[181]

1 Es ist ein vrage von dem werke[182] und von dem wiurker[183], und[184] wa ds were alz edel und und alz vollekomen mug gesin[185] alz der werk meister.

2 Diz ist gesprochen von den personen in der driveltikeit.

3 Ds verstant[186], der vatter ist ein ursprung und vermuegende[187] ze ursprungent[188] einen ursprunc glich ime selber.

4 Dar an ist der sun ein ursprung, wan er mit dem vatter ein ursprung ist, und der heilig geist ir beider geist.[189]

---

175 hette] enhate *Pfeiffer*.

176 mit dem] des *Pfeiffer*.

177 schaffende] tuonne *Pfeiffer*.

178 die] diu *Pfeiffer*.

179 menschelicher nature] menschlîcher unde göttlicher nâtûre *Pfeiffer*.

180 die] diu *Pfeiffer*.

181 Lp. 148 *Pfeiffer*. *Continetur etiam in*: Basel, Öffentliche Bibliothek der Universität, Cod. B XI 10, 213r (*Ba1*); Berlín, Staatsbibliothek, Ms. germ. qu. 191 (mgq), 32r (*B4*) et Ms. germ. qu. 1132 (mgq), 60v (*B9*); Heidelberg, Sammlung Eis, Hs. 106, 68r (*Bra1*); Einsiedeln, Stiftsbibliothek Cod. 277 (1014), 210r (*E1*).

182 werke] wirkêre *Pfeiffer*.

183 wiurker] werke *Pfeiffer*.

184 und] omisit. *Pfeiffer*.

185 mug gesin] si *Pfeiffer*.

186 verstant] verstant alsô *Pfeiffer*.

187 und vermuegende] mügende *Pfeiffer*.

188 ursprungent] ursprungende *Pfeiffer*.

189 vatter … geist] vater ursprungende ist ir beider geist *Pfeiffer*.

12 El alma de Cristo, aquí, nada habría tenido que ver con la luz natural de no haber sucedido una unión de la naturaleza humana y divina al instante en una persona.

13 Ved, he aquí que el alma de Cristo sea más noble que la luz sobrenatural.

2

1 Es una pregunta de la obra y de quien la hace dónde todo esto puede resultar tan noble y perfecto si no es en el maestro de las obras.

2 Esto se dijo de las personas de la Trinidad.

3 Entiéndase: el Padre es un origen capaz de originar en sí mismo.

4 De ahí que el Hijo sea un origen en tanto que es un origen con el Padre, y el Espíritu Santo también es espíritu en ambos.

5 Seht, hie ist der werk meister und ds werk, ds alwiurkende geschiht offenbarikeit[190] glich[191] vollekomen.

6 Davon sprichet ein wiser meister[192], Dyonisius, ds die erste sachet, sachet alle sache nach der glich uise ires selbes[193].

7 Diz sprichet ein meister, ds werk, ds got wiurket in einer ledigen sele, die entplozet ist von allen creaturen[194].

8 Ds ist edeler den allie[195] die werk, die got[196] ie gewiurket[197] in der zit beide[198] in himel un[199] uf erterich[200].

9 Eya, diz sunt, ir[201] merken, wie man diz verstan muoge.

10 Die[202] werk, die got gewiurket hat an den engelen in dem himel, die[203] sint geschehen von einer alvermuogenden gewalt gottes, do er si von niht geschuof an dem werke, hat er kein hindernisse. Also geschah ouch an der sele.

190 offenbarikeit] in offenbârkeit *Pfeiffer.*
191 glich] allez glich *Pfeiffer.*
192 ein wiser meister] omisit. *Pfeiffer.*
193 nach der ... selbes] glich ir selben *Pfeiffer.*
194 die entplozet ... creature] blôz von allen dingen *Pfeiffer.*
195 allie] alliu *Pfeiffer.*
196 got] er *Pfeiffer.*
197 gewiurket] geworhte *Pfeiffer.*
198 beide] omisit. *Pfeiffer.*
199 un] *coni* und *B1 Pfeiffer.*
200 erterich] in erden *Pfeiffer.*
201 diz sunt, ir] nû *Pfeiffer.*
202 die] diu *Pfeiffer.*
203 die] diu *Pfeiffer.*

5 Ved, he aquí el maestro de las obras que, omnipotente, hace que de inmediato la revelación sea plena.

6 Habla de ello un sabio maestro, Dionisio, (que dice que) el que hace la primera cosa hace todas las demás de la misma manera que sí mismo[14].

7 Así habla otro maestro también para quien la obra que Dios hace en un alma solitaria está libre de toda criatura.

8 He ahí la más noble de todas las obras que Dios hizo tanto en el cielo como en la tierra.

9 Oh, estas cosas son, daos cuenta, cómo esto puede comprenderse.

10 Las obras que hizo Dios en los ángeles en el cielo sucedieron por un poder omnipotente de Dios cuando Él las creó en la obra de la nada, sin ningún impedimento. Lo mismo sucedió en el alma.

14 Cf. Ps. Dion. *Theol. Mist.* V.

11 Die er ouch geschuof von niht[204] und der[205] gab er frien willen, ds er virbaz[206] kein werk an ir[207] wiurke[208] wollte ane kiesen ihres eigenen frien willen.

12 So den die sele entlediget wirt und entblozet alles des, ds gottes liebester wille niht ist, und sich frilichen kert mit ir, ein edelen willen got vri ze sagende, alz ob si nie frien willen enphangen hette, ds got also frilichen an ir wiurken mag, alz mer alle ding von niht geschuof.[209]

13 Diz werk **|28r|** hatte[210] zwei punc[211] vor allen werken.

14 Ds ein ist der vrie wille, der diehein hindernisse got ist. Der doch wider den frien willen niht tuon will, und er doch an ime wiurken mag, wie er will und ws er will und wenne er will.[212]

15 Der ander punc[213] ist, alz got vri ist in sin selbes wesen, also wirt ds werk frilich gewiurket, in dem ds er doch wider saz han moechte von dez frien willen wegen.[214]

---

204 geschuof von niht] von nihte geschuof *Pfeiffer*

205 der] *ommit. Pfeiffer.*

206 ds er virbaz] alsô daz got nie *Pfeiffer.*

207 an ir] *ommit. Pfeiffer.*

208 wiurke] gewürken *Pfeiffer.*

209 So den … schuof] Swenne denne diu sêle gelidiget und entploezet wirt alles des, daz gotes liebsten willen an ir gehindern mac, unde si mit vrîheit kêret den edelen willen gote vrî ze sagenne, als ob sie nie vriekûr enpfangen hâte, daz got alsô vrîlîche würken mac an ir, als dô er alliu dinc von nihte geschuof *Pfeiffer.*

210 hatte] *coni.* hatten *B1* behaltet *Pfeiffer.*

211 punc] *i. e.* punt punt *Pfeiffer.*

212 Ds ein ist … wenne er will] daz ein ist, daz der vrîe wille gote dehein hindernis enist, der doch wider den vrîen willen niht enwil, got der enwürke als vrîlich swie er will, swas er will, swan er will und als er will, als ob diu sêle enkeinen vrîen willen hête *Pfeiffer.*

213 punc] *i. e.* punt unt *Pfeiffer.*

214 Der ander punc … dez frien willen wegen] Daz ander punt ist: als got vrî ist in sîn selbes wesenne, alsô wirt daz werk vrîlich gewiurket in dem, daz doch widersatz haben möchte von des vrîen willen wegen, und dohc dar an enkein hindernis ist *Pfeiffer.*

11 Dios la creó (el alma) de la nada y le dio el libre albedrío para que, en verdad, no pueda obra alguna actuar en ella sin antes haber escogido ella su libre albedrío.

12 De este modo el alma queda libre y es liberada de todo aquello que no es el querido libre albedrío de Dios, porque se vuelve en sí para hablar a Dios libremente de un noble libre albedrío, como si nunca antes hubiera recibido el libre albedrío con el que Dios puede obrar en ella también libremente, y todas las cosas que creó de la nada.

13 Esta obra tuvo dos puntos de todas las demás.

14 El primero es el libre albedrío, que no es ningún impedimento para Dios. Este, sin embargo, no obrará contra el libre albedrío, sino que obrará en sí mismo como quiera, lo que quiera y cuando quiera.

15 El otro punto es que Dios es libre en su propio ser, por lo que esta obra la hace libremente en la medida en que pueda encontrarse contrariedades por parte del libre albedrío.

16 Seht[215], dar umbe ist ez das edelest[216], das got wiurket in himel und in erde an allen[217] creaturen. Nu moechte man fragen welichis[218].

17 Diz werk were, ez[219] ist niht anders denne ein offenbaren[220] gottes sich selber ime selber, in der sele also[221] eigenlichen alz er ist an im selber. Also[222] ist er sin selbes in dem werk. Also wirt braht ds, in den da gewiurht[223] wirt, in ds, ds da wiurket[224].

18 Seht, da ist ds werk, ds da gewiurket wirt, alz edel alz der werk meister[225]

3[226]

1 Es ist ein frage[227], wa von die[228] sele geschaffen si[229].[230]

215 seht] omisit. *Pfeiffer*
216 edelest] edelste werc *Pfeiffer.*
217 allen] den *Pfeiffer.*
218 welichis] welich diz werc si? *Pfeiffer.*
219 werk were, ez] omisit. *Pfeiffer.*
220 offenbaren] offenbârunge *Pfeiffer.*
221 also] als *Pfeiffer.*
222 also] als *Pfeiffer.*
223 gewiruht] geworht *Pfeiffer.*
224 wiurket] würket an einer glicheit sînes, des würkêres, der sîn glichnisse dâ geworht hât *Pfeiffer.*
225 der werk meister] daz würkende nâch dem, daz ez sîn selbes glîchnisse in dem werke ist *Pfeiffer.*
226 Lp 2 *Pfeiffer. Continentur etiam in* Augsburg, Universitätsbibliothek - Cod. III.1.4° 33, 235r (*Mai1*); Karlsruhe, Staatsbibliothek - Ms. germ. qu. 1132 (mgq), 77v (*Ka1*); München, Bayerische Staatsbibliothek, Cgm 133, 8v (*M1*) et Cgm 845, 238v (*M55*); Nürnberg, Stadtbibliothek, Cod. Cent. VI, 46h, 140v (*N2*) ; Strasbourg, Bibliothèque Nationale et Universitaire - ms. 2795, 290r (*Str3*).
227 Es ist eine frage] Der junger sprach *Pfeiffer.*
228 die] diu *Pfeiffer.*
229 si] omisit et addivit. *et add* Sie ist geschaffen von nihte. Wâ nam got daz niht, dâ er die sêle ûz schuof? *Pfeiffer.*
230 *in marg. add.* ds merkent, si ist geschaffen uz niht, wa nam got ds niht, da er die sele uzschuof *B1*[1].

16 Ved entonces lo más noble que Dios hace en todas las criaturas tanto en el cielo como en la tierra. Os preguntaréis que cuál es.

17 Esta obra no sería otra cosa que el revelarse de Dios en sí mismo, y por lo tanto en la misma alma en tanto que Él está en sí mismo. Por lo tanto, Él mismo está en la obra; por lo tanto, se consuma en el que ha obrado y en lo que obra.

18 Ved la obra que ha hecho tan noble como el maestro de las obras.

3

1 La pregunta es de dónde ha sido creada el alma.

2 Ds merkent[231], etlich sprechent, er nem ez in ime selber.

3 Dez ist[232] niht, wan in got ist niht niht. Ws in got ist, ds ist got.

4 Nu hat doch got alle[233] ding in ime selber und usser got ist[234] niht.

5 Her umbe mueste er iuber ein ds niht in ime selber nehmen. Nein[235] niht.

6 Er nam ez weder in ime noch zu ime, noch under ime noch ab[236] ime.

7 Niht, ds ist niemer[237] ze nemende weder von innen noch von uszen; were ez ie[238] genommen, so were es niht niht gewesen.

8 Seht, ws ds vermag, ds ez niht niemer[239] nimmet und da von schoepfet ein iht. Ds ist got, also so ist ds eigenlich[240] bewiset ds, ds niht niemer[241] genommen si.

9 S. Augustinus wart gevraget von dem verborgenen niht, da von die[242] sele geschaffen ist, wa ds niht so togenlich sweben moehte, sunder stat.

231 merkent] merke *Pfeiffer.*
232 ist] enist *Pfeiffer.*
233 alle] alliu *Pfeiffer.*
234 ist] enist *Pfeiffer.*
235 nein] *add.* Der meister sprach *Pfeiffer.*
236 ab] ober *Pfeiffer.*
237 niemer] niene *Pfeiffer.*
238 ie] iergen *Pfeiffer.*
239 niemer] niene *Pfeiffer.*
240 eigenlich] eigenlîche *Pfeiffer.*
241 niemer] niene *Pfeiffer.*
242 die] diu *Pfeiffer.*

2 Daos cuenta, dicen muchos, que Él la porta en sí mismo.

3 No está en tanto que en Dios no hay nada. Lo que hay en Dios es Dios.

4 Dios tiene todas las cosas en sí mismo, porque fuera de Dios está la nada.

5 Por ello también debe abrigar en él también la nada, no nada.

6 No la tuvo ni la trajo, ni por encima ni por debajo.

7 La nada no se puede traer de dentro ni de fuera; y si así fuese, entonces tampoco sería nada.

8 Mirad lo que puede el que jamás toma la nada y el que de ahí crea un algo. Ese es Dios, y así es como lo demuestra lo que nunca puede ser sacado de la nada.

9 San Agustín fue preguntado por la nada oculta desde la que se crea el alma, y si donde esta no se mecía virtuosa estaría aislada.

10 Diz[243] berihte er und sprach: »Zwischent got und gotheit **|28v|** an siner aliu miugender gewalt ist diz niht[244] beschlozen unbeschlozenlich.«

11 Wer es besclozenlich da besclozen, so wer[245] es niht niht. So hette es stat. Oder were got wesenlich. So wer die[246] sele von dem wesen gottes geschaffen, also ist es niht.

12 Da von ist ds niht besclozen unbesclozenlich an der alvermuegender kraft des vatters. Den[247] daz niht also gereit, ist niener[248] ze nemende als das icht.

13 Diz ist besclozen an siner alvermuegentheit. Das er nit niener[249] nimet[250] und da von schupfhet ein icht.

14 Swaz daz ist, ds diz vermag, ds ist got.

243 Diz] Daz *Pfeiffer*.
244 *Manus altera hinc scribit.*
245 wer] enwêre *Pfeiffer*.
246 die] diu *Pfeiffer*.
247 den] deme *Pfeiffer*.
248 niener] niene *Pfeiffer*.
249 niener] niene *Pfeiffer*.
250 nimet] minet *Pfeiffer*.

10 Esto explicó y dijo: «Entre Dios y la deidad con su poder omnipotente, esto no está del todo completamente resuelto»[15].

11 Si estuviera resuelto lo que es, entonces no habría la nada. Tendría un estadio. O Dios sería un ser. De modo que el alma habría sido creada por el ser de Dios, y no lo ha sido.

12 De ahí que no esté todo completamente resuelto acerca de la fuerza omnipotente del padre. Pues el que no se atreva con la nada tampoco podrá tomar nada que no sea algo.

13 Así está dicho de su omnipotencia. Que Él no toma nunca la nada y de ahí crea algo.

14 Lo que hace que esto pueda ser es Dios.

15 Ag. *De lib. ar.* 2, 2.

4[251]

1 Ez ist ein frage: hat die gotheit allu[252] ding? Wie kumet ez denne, ds sie weder git noch birt[253]? Wan und[254] birt si nit, so mag si nit watter[255] geheisen.

2 Daz sunt ir also[256] verstan. Aller menschen nature heiset[257] die menscheit, und die menscheit mag niht wiurken noch beren an ir selber, si muos wiurken und beren an einer menschelichen persone.

3 Seht also, ist es umbe die gotheit, sie hat in ir besclozen alle[258] ding, aber si wiurket[259] noch birt[260] niht an ir selber. Ws si wiurket, daz geschiht alles mit den personen personlich und wesentlich.

4 Seht, da heiset die gotheit, ds berhaftig wesen, da si zu birt an den personen personlich und wesenlich.

251 Lp 5 *Pfeiffer. Continentur etiam in* Augsburg, Universitätsbibliothek, Cod. III.1.4° 33, 229r (*Mai1*); Basel, Öffentliche Bibliothek der Universität, Cod. B XI 10, 190r (*Ba1*); Nürnberg, Stadtbibliothek, Cod. Cent. VI, 46h, 131r (*N2*); Strasbourg, Bibliothèque Nationale et Universitaire, ms. 2795, 278v (*Str3*).

252 allu] alliu *Pfeiffer.*

253 birt] gebirt *Pfeiffer.*

254 und] omisit. *Pfeiffer.*

255 watter] vatter vater *Pfeiffer.*

256 also] alsus *Pfeiffer.*

257 heiset] daz heiset *Pfeiffer.*

258 alle] alliu *Pfeiffer.*

259 wiurket] enwürket *Pfeiffer.*

260 noch birt] omisit. *Pfeiffer.*

4

1 La pregunta es: ¿tiene la deidad todas las cosas? ¿Cómo es que ni da ni alumbra? Porque mientras no alumbre no puede llamarse padre[16].

2 Así se os ha comprendido. La naturaleza de todos los hombres se llama humanidad, porque la humanidad no puede obrar ni alumbrar en ella misma, sino que debe obrar y alumbrar en una persona humana.

3 Ved, pues, en la deidad están resueltas todas las cosas, pero ella no obra ni alumbra en sí misma. Lo que obra sucede solo con las personas: en su ser y en su persona.

4 Ved, pues, que a la deidad se la llama «ser fértil», ya que alumbra en las personas: en su ser y en su persona.

16 *Add. i. marg.* Fijaos que fue creada de la nada en tanto que Dios trajo la nada de la que creó el alma.

LIBER III[261]

Hie sint uf x. stuk kleiner sermones, da man guot lere an vindet uf wisheit und uf durnechtikeit.[262]

1[263]

|153b| 1 Der engel tuot driu ding in der sele.

2 Er wirfet[264] ir fur die heiligen schrift oder der heiligen leben oder aber ds bilt unsers **|154a|** herren[265] Jesu Christi und bringen es[266] ir fuor in einer offenbarender wise als in einem spiegel, in dem man sich erheit[267], was flecken si an des menschen antliute, ds man die abe tuoge. Also ersiehet siu sich, wes ir noch gebristet.

261 Einsiedeln, Stiftsbibliothek, Cod. 278 (1040), pp. 153 y 163, (*E2*).

262 *Add. E2¹.*

263 Lp. 6 *Pfeiffer*. *Continetur etiam in:* Berlin, Staatsbibliothek, Ms. germ. oct. 4 (mgo), 102r-105r (*B7*); Gotha, Forschungsbibliothek, Cod. Chart. B 237, 14r-15r (*Go2*); München, Bayerische Staatsbibliothek, Cgm 627, 253v-254v (*M27*); Stuttgart, Württembergische Landesbibliothek, Cod. theol. et philos. 2° 283, 278r-280v (*St7*); Würzburg, Universitätsbibliothek, M. ch. f. 66, 247v-249r (*Wü2*). *Continetur etiam haec series* Lp. 6-15 *Pfeiffer* (LS 3,1-3,5) in *B2Go1U1*, *i.e.*: Berlin, Staatsbibliothek, Ms. germ. oct. 65 (mgo), 81v-85r (*B2*), Gotha, Forschungsbibliothek, Cod. Chart. A 13, 127r-133v (*Go1*) et Utrecht, Universiteitsbibliotheek, Ms. 9 B 8, 47v-52v (*U1*).

264 wirfet] *coni.* wirket *E2* wirfet *Pfeiffer*.

265 unsers herrn] omisit. *Pfeiffer*.

266 bringen es] er bringet ir *Pfeiffer*

267 sich erheit] *i.e.* erhellt siht *Pfeiffer*.

LIBRO III

Aquí hay diez fragmentos de sermones breves sobre cómo encontrar una buena instrucción para la sabiduría y la perfección.

1

1 El ángel hace tres cosas en el alma.

2 La prepara para la Sagrada Escritura o para la vida de los santos, o más bien para el modelo de nuestro señor Jesucristo, presentándola de un modo tan revelador como en un espejo en el que se refleja qué mancha hay en el rostro humano para que desde este momento se fortalezca. Así ve ella qué le falta (al alma).

3 Ds si noch nicht ist[268], ds si sin sol und wa si aber scheiden sol, und[269] wa si haften sol und[270] wie viel und wenig si den dingen sin sol, ds sihet si mit underscheit.

4 Seht[271] alles, das der engel getuon mag in der sele. Des bringet der figent wol ein geliches zeichen des engels und des fiendes.[272]

5 Ds sind disiu, von den ich nun sprech. Alles, ds der engel wirket in der sele.

6 Ds tuot er in lieht und ordenlich und mit underscheit, und die[273] sele enphahet froede von der lieblichen gegenwertekeit[274] des engels; und ds ist och zechen, da ran man in bekennet, ds ir belibet vroede.

7 Aber der viende bringet des selben wol ein geliches, aber doch unberichteklich und unordenlich und ane underscheid.

8 Und diu sele erschriket in ir selben von der gegenwertekeit[275] des vigendes[276] und vellet in ein betrubete und ist unberichtet. Und daran bekennet si, ds es der vient ist.

9 Der **|154b|** engel sprichet tuogende in die sele. Der vient spricht ouch tuogende. Und got spricht niht tuogent.[277]

268 ist] einst *Pfeiffer.*
269 und] omisit. *Pfeiffer.*
270 und] omisit. *Pfeiffer.*
271 Seht] Sehent *Pfeiffer.*
272 zeichen des engels und des fiendes] omisit. *Pfeiffer.*
273 die] diu *Pfeiffer.*
274 gegenwertekeit] gegenwürtekeit *Pfeiffer.*
275 gegenwertekeit] gegenwürtekeit *Pfeiffer.*
276 vigendes] vlendes *Pfeiffer.*
277 *Add.* Seliger herre, gebent underscheit der rede unde berihtet si durch got. Ich gib es unterscheit *Pfeiffer.*

3 Se ve también con diferencia lo que no es aún, lo que ha de ser y en qué debe dirimirse, así como en qué deberá aferrarse y en qué medida habrá de enfrentarse a las cosas.

4 Fijaos en todas las cosas que el ángel puede hacer en el alma. En ellas sentirá el tibio una señal idéntica a la del ángel y la del enemigo.

5 De estas son las cosas de las que hablo. De todas las cosas que el ángel hace en el alma.

6 (El ángel) obra en la luz, ordenadamente, de manera diferenciada, de modo que el alma acoge la alegría de la presencia amorosa del ángel, lo cual es también señal para reconocerlo, y de que la alegría permanece en el alma.

7 Mas el enemigo trae también señales parecidas, pero equivocadas, desordenadas, no de manera diferenciada.

8 El alma por ello se acongoja en la presencia del que es cobarde, cae en la confusión y queda equivocada. Aquí se da cuenta de que él es el enemigo.

9 El ángel dice virtudes al alma. El enemigo las dice también. Pero Dios no dice virtudes.

10 Der engel spricht tugent in die sele, aber des engels sprechen ist notdurftiger tuogent[278] und in einer lieblicher flehender wise also, sich dem ist noch abzegende. Und das ist ze tune, und das ist zelassende, und spricht ordenlich und mit underscheid, und die sele gewinnet ein genuglich gehengen in ir uf sinem sprechen[279].

11 Aber der vient spricht ouch tuogend, und aber sin sprechen ist unordenlich und[280] unnotdurftige tuogend, als iubriges fasten und wachen und fenien und iubriges weinen[281]; und sin sprechen ist alles bi gebotten und also enmchtiu[282] des nicht getuone, so bistu verlorn, oder so enbistu nicht guot noch vollekomen. Und solich unordenlich tuogend und unberichteklich ane underscheide, das ist sin sprechen, und die sele eschriket in ir selben, und enhat niht genuegende an sinem sprechent.

12 Aber got spricht niht tuogent, und ds ist och ein wunderlich rede, aber doch so ist es[283] alse ze guot zewissenne, und da gat schoene rede uf.

13 Der heilige geist fuorkumet den engel und umbegriffet die sele und bereitet sie ze **|155a|** enphahenne des, das der engel spricht und der sun git wisheit und ordenunge des, ds da gesprochen ist, und der vatter[284] git sture und vollebringunge des, da gesprochen ist in der sele.

---

278 des engels sprechen ist notdurftiger tiugent] sîn sprechen (des engels) ist ûf nôtdürftig tugende *Pfeiffer.*

279 uf sinem sprechen] ûf sîn înspreсhen *Pfeiffer.*

280 unordenlich und] omisit. *Pfeiffer.*

281 weinen] *Add. in marg. E2[1].*

282 enmachtiu] *i. e.* enmachst du.

283 es] sie *Pfeiffer.*

284 der vatte] got der vater *Pfeiffer.*

10 El ángel dice virtudes al alma, pero el decir del ángel es una virtud de lo imprescindible, y lo hace además de un modo tan amorosamente suplicante que hay que ir más allá. Lo que hay que hacer es dejarse llevar, porque habla ordenadamente y de manera diferenciada, y el alma obtiene un apego suficiente en ella a partir de sus palabras.

11 El enemigo, aun así, también dice virtudes, pero sus palabras son desordenadas y su virtud no es de lo imprescindible, tal como el seguir ayunando y velar, y seguir soñado y llorar. En sus palabras se ofrece de todo y (se te dice) que si no lo haces estás perdido, o no serás bueno ni perfecto. Esta virtud desordenada y equivocada, sin diferenciación, es su forma de hablar, y el alma se acongoja y no termina de tener suficiente de lo que está diciendo.

12 Pero Dios no dice virtudes, y sigue siendo su decir maravilloso, porque aun a pesar de todo esto se puede conocer bien, pues habló hermosamente.

13 El Espíritu Santo asiste al ángel, abriga el alma y la prepara para recibir lo que dice el ángel, porque el hijo da sabiduría y orden acerca de lo que se dijo y el padre concede la fuerza y la perfección de lo que se dijo en el alma.

14 Also enspricht got niht tuogend in der sele, er, er fuorkumet den engel und bereitet die sele und git wisheit und vollebringet[285] ds, das der engel gesprochen hat in der sele, und alsus wirkeit[286] die heilige trivaltekeit alzemale in ir und doch sunder[287] sprechen.

2[288]

1 Das man sprichet, ds unsre herre etwenne[289] rede mit guotem liuten und ds si wort hoeren oder ds siu[290] ein vernemen[291] haben in etlicher wort also: »du bis min«, »unser weltu[292]« oder »min allerliebstu«.

2 »Diu ensolt niemer von mir gescheiden und ich enwil mich niemer von dir gescheiden« und ws solicher wort ist.

3 Den ist niht fiurbas zegelobenne denne, als vil in ds wesen entwirket[293] und man sol in niht me geloben, denne als vil in ds wesen zuhnisse git.

4 Wan solichiu wort sachet etwenne behenteheit der sele, so si also verwennet ist in dem troste gotlicher infliusse, ds si von behendekeit ir selbes wider steht und entwiurtet ir selben, swenne diu sele von gotlichen infliussen als **|155b|** gar umbegriffen wirt.

---

285 vollebringet] vollbringunge *Pfeiffer*.

286 wirkeit] *i.e.* wirket würket *Pfeiffer*.

287 sunder] âne *Pfeiffer*.

288 Lp. 7 *Pfeiffer*. *Continetur etiam in B2GoIU et in:* Berlin, Staatsbibliothek, Ms. germ. oct. 4 (mgo), 102r-105r (*B7*); München, Bayerische Staatsbibliothek, Cgm 627, 253v-254v (*M27*); Stuttgart, Württembergische Landesbibliothek, Cod. theol. et philos. 2° 283, 278r-280v (*St7*); Würzburg, Universitätsbibliothek, M. ch. f. 66, 247v-249r (*Wü2*).

289 etwenne] eteswenne *Pfeiffer*.

290 siu] omisit. *Pfeiffer*.

291 ein vernemen] einvernemen *Pfeiffer*.

292 unser weltu] *i.e.* welt, du ûzerweltiu *Pfeiffer*.

293 entwirket] *coni.* entwirtet *E2* entwirtet *Pfeiffer*.

14 Dios, por lo tanto, no habla virtudes en el alma, sino que, más bien, asiste al ángel, prepara el alma, da sabiduría y consuma lo que dijo el ángel en el alma, porque es de este modo como actúa la santísima Trinidad en ella, incluso sin hablar.

2

1 Se dice que nuestro Señor en ocasiones habla con la gente buena y que esta escucha su palabra o que sintió su palabra del siguiente modo: «Eres mío», «tú eres nuestro mundo» o «eres mi favorito».

2 «Jamás has de separarte de mí, no, y yo jamás me separaré jamás de ti», fueron estas palabras.

3 En verdad, solo habrá de alabarse a quien se deshaga del ser, solo habrá de alabarse al que entregue el alma al crecimiento.

4 En tanto que estas palabras crean en ocasiones la inteligencia del alma, de este modo es consolada (el alma) en el consuelo del influjo divino para que con su propia inteligencia se enfrente a sí misma y se deshaga de sí misma, aun cuando el alma de los influjos divinos resulte prácticamente incomprensible.

5 Ds si bloz und lidig stat von der sinlicheit, so wirt si so snel in geschaffenen liechten. Ds si nicht furgendes enhat, denne ir verstentnisse und ir verstane.[294].

6 In sueslicher[295] abgescheidenheit wirt ds bekennen das bekannt. Da schephet si us ir liehte, des si begert; da sachet unbefank der siessi[296] von adel weselicher verstentnisse.

7 Es spricht Aristoteles in dem dritten buoche von der sele: ein jeglichiu unmaterlichiu substanci oder gesundertiu forme ist nach ir selben.

8 Ds bekennen[297], und ds bekannt und bewiset, wie diu sele von umbefange geotlichi fliusse abegescheiden wirt von liblicheit, und denne mag sie schepfen us eigem[298] wesen got geformete warheit.

9 Da von alles des si ein vernunftige vernemen het[299] in ir, das spricht got nicht; mer gottes sprechen ist niht anders denne ein blosser fuorwiurf gotllicher wahreit, in[300] der der geist geruket[301] wirt usser sinsheit enbogen verstane in vernunftekeit.

10 Da verstet[302] si sunder verstane in einekeit.

294 verstane] weselich verstân *Pfeiffer.*

295 fiurlicher] solicher *Pfeiffer.*

296 siessi] *i.e.* süeze süeze *Pfeiffer.*

297 bekennen] bekennende *Pfeiffer.*

298 us eigem] ûzer eigenem *Pfeiffer.*

299 het] hât *Pfeiffer.*

300 in] ûz *Pfeiffer.*

301 geruket] *i.e.* geruhet.

302 versteht] verstân *Pfeiffer.*

5 Si permanece suelta y librada de la sensibilidad, así se convertirá rápidamente en las luces creadas. No tiene pues nada por encima salvo su entendimiento y su razón.

6 En el dulce recogimiento se llega al conocimiento de estas cosas. De ahí obtiene ella esa luz de lo que desea; de ahí se crea sin límites de dulzura de nobleza la comprensión del ser.

7 Aristóteles dice en el Tercer Libro de *De anima*: «Cualquier sustancia inmaterial o forma especial lo es de sí misma»[17].

8 Lo reconocemos, y es conocido y demostrado que el alma se separó del flujo divino de su corporeidad, de modo que puede obtener del propio ser una verdad formada por Dios.

9 Dios no dice que aquí tenga que haberlo escuchado ella todo, sino que la palabra de Dios no es otra cosa sino un mero canto de verdad divina en la que el espíritu descansa en la razón sin un entendimiento atado a los sentidos.

10 Así se entiende en la unidad sin entenderse.

17 Cf. Arist. *De anima* 3, 430a.

3[303]

1 Der den hagen dorn will ziehen, diur ds houwe sunder haft, der muos in gar **|156a|** besniden als unser herre Jesus Christus[304] der minne bon[305].

2 Der den hagen dorn forgezogen het[306], dur ds howe dirre kranken welt, und hat sin este also gar besnitten, das an ime niht bewegeliches[307] haftet, und er enhat[308] och niht bewegliches gezogen.

3 Wan sulen wir zuo ime kommen, so muosen wir also geslihtet werden, ds wir an niht und niht[309] an uns enhafte, so heben wir denne unser criuze uf, so wir alliu ding von uns und uns von ellen dingen scheiden, und wir uns bloze und liuter henken an ds blos Christus criuze unsers herren[310].

4 Der rechte minnen sol, der sol weder geminnet werden noch ouch minnen.

303 Lp. 8 *Pfeiffer* (LS 3,3,1-3) et Lp. 9 (LS 3,3,4-10). *Continentur etiam* in *B2Go1U1*. *Continetur etiam solum* Lp. 9 *Pfeiffer in* München, Bayerische Staatsbibliothek, Cgm 627, 253v-254v (*M27*); Stuttgart, Württembergische Landesbibliothek, Cod. theol. et philos. 2° 283, 278r-280v (*St7*); Karlsruhe, Badische Landesbibliothek, Cod. St. Peter perg. 85, 48r (*Ka1*).

304 Jesus Christus] *coni.* Jesu Christo *E2* Kristus *Pfeiffer.*

305 bon] *add. in marg. E2*[1]. der mine boum *Pfeiffer.*

306 het] hat *Pfeiffer.*

307 bewegliches] wegenlîches *Pfeiffer.*

308 enhat] *add. E2*[1].

309 und nicht] *add. E2*[1].

310 unsers herren] omisit. *Pfeiffer.*

3

1 El que cuida del espino y se aferra al heno sin asirse, debe cortarlo como Nuestro Señor Jesucristo el árbol del amor.

2 El que corta el espino se aferra al heno de este mundo enfermo; incluso, ha cortado sus ramas de modo que no se aferra a él nada móvil ni tampoco permite que nada móvil crezca en él.

3 Mas cuando vayamos a Él seremos juzgados de no estar apegados a nada de nosotros, de que alzamos nuestra cruz de modo que nos separamos de las cosas y a ellas de nosotros, y de que permanecemos sueltos y puros pendiendo únicamente de la cruz de Cristo, Nuestro Señor.

4 Habrá de amar de verdad quien no tenga que ser amado ni tenga que amar.

5 Die liute minnent. Und werdent geminnet. Die betriuebet und geminnet muogen werden, wan sie giesent sich mit liebi uf die creature und die creature wider uf sie. Aber die enminnent noch enwerdent geminnet, die noch[311] lieb noch leit der creature mag[312] bewegen, wan die engebent nicht noch ennement nicht, wan sie eingiessent sich niht uf die creature noch die creature wider uf si.

6 Dar umbe enminnent sie niht noch enwerdent geminnet, wan sol got minnen **|156b|** usser allen herzen, die minnent im herzen, die in[313] minnen umbe warumbe, die minnent umbe liblich guot oder umbe zergenlich guot.

7 Aber die liute minnent usser allem herzen; die da minnent[314] ane war umbe, und die enminnent weder umbe lieblich guot noch umbe ewige guot. Mer si minnent in alleine dur in in der blosheit sines einvaltigen wesens. Sunder[315] alles das, das er gegeben mag.

4[316]

1 Man[317] liset von Johannes dem toufer, er wer ein brophete. Er was me den ein brophet.

2 Wan so der heilige geist etwenne ret dur die bropheten, so waren si dar nach als dar for und uobten gebresten.

311 noch] omisit. *Pfeiffer.*

312 mag] enmag *Pfeiffer.*

313 in] da *Pfeiffer.*

314 minnent] *coni.* minnet *E2* minnent *Pfeiffer.*

315 sunder] ân *Pfeiffer.*

316 Lp. 10 *Pfeiffer. Continetur etiam in B2Go1U et in* München, Bayerische Staatsbibliothek, Cgm 627, 253v-254v (*M27*).

317 Man] wan *Pfeiffer.*

5 La gente que ama y es amada es confundida, se embriaga de amor hacia la criatura y la criatura igualmente hacia ellos. Pero no aman ni tampoco son amados quienes creen promover el amor y el dolor de la criatura, dado que no dan ni toman, ni fluyen en la criatura ni la criatura fluye en ellos.

6 Es por ello que, en tanto que Dios está llamado a amar fuera de todo corazón, no aman ni son amados aquellos que aman en el corazón ni aquellos que aman por amar, que aman por el bien corporal o por el bien perentorio.

7 Las personas aman fuera de todo corazón. Se ama sin un porqué, porque no se ama por el bien corporal ni por el bien eterno, sino que se ama solo por permanecer en la soledad de un ser único, sin todo lo que se le puede dar.

4

1 Se lee de Juan el Bautista que fue un profeta. Fue más que un profeta.

2 En tanto que el Espíritu Santo a veces salva a través de los profetas, para esto estuvieron y cuidaron de las carencias.

3 Die liute sint propheten, die etwenne mit kriege lasent und dunt, ds si sulen, wan so der heilige geist dur si ret mit influssen einer gegenwerdeheit siner gnaden. So iubent sie tuogende von dar nach, so sint su[318], als vor und darumbe heisent si och tuogenthaft, wan sie iubent tuogent mit underscheid. Das ist, si iubent tuogend und och gebresten.

4 Also enwas niht sant Johannes und dar umbe, was er me denne ein prophete. Wan er iubete niht tuogent mit underscheid? **|157a|** Und die lute, die alsus nach folgent sant Johannes[319], die ensint niht propheten?

5 Si sint me, den propheten, wan sie behemment, alles das ze dune und ze lassen[320] ist mit einem klaren goetlichen liechte. Und in[321] ist gotlich muogenheit gegeben, alles dass ze vermuogen[322], das si bekennent.

6 Uf sin aller nechstes sunder krieg, in weselicher lustbarkeit und in listberlicher weselicheit, und dar umbe heissent si niht tugendhaft, wan si eniubent niht tuogent mit underscheit, mer si sint weslich dar in gesetztet ane underscheid.

7 Das heisset geiubet, ds man ze einer zit duot und zuo der andren niht, wan ds ist vermenget. Aber das enheisset nicht geiubet, das alliu zit gegenwertig ist ane vermengen eines andren.

318 su] *i.e.* siu sie *Pfeiffer.*

319 sant Johannes] omisit. *Pfeiffer.*

320 lassen] lâzende *Pfeiffer.*

321 in] *i.e.* inen.

322 unmuogent] mügende *Pfeiffer.*

3 Las personas son profetas que a veces se liberan con esfuerzos y resisten en lo que deben, en tanto que el Espíritu Santo redime a través de ellos con los influjos de una presencia de su gracia. Practican entonces las virtudes en consecuencia, y así lo hacen como para que se les diga virtuosos en la medida que practican la virtud de manera diferenciada. Es decir, practican la virtud y cuidan de las carencias.

4 Pero san Juan no fue solo así, de modo que fue por ello más que un profeta: ¿cómo es que él no practicó la virtud de manera diferenciada? ¿Y cómo que las personas que siguieron así a san Juan no son profetas?

5 (Las personas) son más que profetas, pues cuando empiezan a hacer y a dejar de hacer están con una clara luz divina. A ellos se les concede el poder divino de poder todo lo que reconocen.

6 Se trata de ser el prójimo de todos sin esfuerzo, con un ánimo del ser y con una esencia ansiosa de saber: por ello no se los llama virtuosos por practicar la virtud de manera diferenciada, sino porque han sido puestos ahí esencialmente sin diferencia.

7 Esto significa «practicar»: que uno obre una vez y otra no, que haya una mezcla. Pero lo que no significa «practicar» es que haya una cosa siempre sin la mezcla de otra.

5[323]

1 An drin dingen bekennent man rechte froeme lute.

2 Ds erste ist eineheit des willen: alles, das nature geheissen mag, ds des der wille lidig si.

3 Das ander ist liechte der verstentnisse: alles, des diu sele hat, ein vernunftige verstan in ir, ds si dem gnuok si an wesenne.

4 Das drit ist ruowe der gehiugenisse, und ds ist riuwe der gehugenisse[324]: alles, das von bilden in gefallen mag, ds das der sele heimmittel **|157b|** mache.

5 An drin dingen bekennet man wol einen abgescheiden menschen.

6 Das erste ist ruowe der gebirt, und das ruowe der begirde.[325]

7 Das man ruowe aller gebresten und alles verstants. Ds ist werk der minne oder gunst des willen gottes.

8 Das dritt ist ein enphinden in der sele der liebi des heligen geistes.

9 Einvaltig gotlich guot enphieng noch lip noch bluot nie, mer er enphindet wol menigvaltiges gotliches guotes.

10 Das ist einvaltige gotlich guot: swenne der geiste geruhet[326], wirt usser sinheit in goetlich einekeit.

323 Lp. 11 *Pfeiffer* (LS 3,5,1-4), Lp. 12 *Pfeiffer* (LS 3,5,5-8), Lp. 13 *Pfeiffer* (LS 3,5,9-13), Lp. 14 *Pfeiffer* (LS 3,5,14-15), Lp. 15,636,25-30 (LS 3,5,16-17). *Continentur etiam in B2GoU1. Continentur etiam* Lp. 11 *et* 15 *Pfeiffer in* Karlsruhe, Badische Landesbibliothek, Cod. St. Peter perg. 85, 56r (*Ka*). *Continentur etiam* Lp. 13-15 *in* St. Gallen, Bibliothek des Benediktinerstifts, Cod. Sang. 972a, 1-2 (*G1*).

324 und ds ist riuwe der gehugenisse] omisit. *Pfeiffer.*

325 und das riuwe der begirde] omisit. *Pfeiffer.*

326 geruhet] geruket *Pfeiffer.*

5

1 A la gente piadosa de verdad se la reconoce por tres cosas.

2 La primera es la unidad de su voluntad, de modo que todo lo que se puede llamar naturaleza esté fuera de la voluntad.

3 La otra es la luz del entendimiento, de modo que todo lo que tiene el alma es una comprensión racional en ella como para ser suficiente por sí misma.

4 La tercera es la paz de la memoria, porque la paz de la memoria es que todo lo que se pueda convertir en modelo se convierta en remedio para el alma.

5 En tres cosas se reconoce a un hombre que se ha separado de todo.

6 La primera es la paz del ser nacido y la paz de la pasión

7 (La segunda) que se descanse de todas las flaquezas y de todo entendimiento. Esta es la obra del amor o un favor de la voluntad de Dios.

8 La tercera es una percepción en el alma del amor del Espíritu Santo.

9 El bien único y divino no tuvo nunca cuerpo ni sangre, sino que recibió muchas otras cosas del bien divino.

10 He ahí el bien único y divino: cuando el espíritu tiene paz, nuestras sensaciones se convierten en unidad divina.

11 Al da verstet er sunder bevinden aller liblicheit. Aber ds ist menigevaltige goetlich guot, alles ds ir geoffenbaret wirt in bilden oder in gelichnissen, wan das alles ist in bewirken der liblicheit.

12 Der himelsche vater git nieman sinen trost denne[327] alleine fritisamen hertzen. Her umbe sprach Christus zuo sinen jungern: »Ich gib uch minen fride«.

13 Das ist fride, ds ein iegeliches huete eines andren fride als sines herzen.

14 Ein kein mensche sol sich annehmen, das es ie enphienge vollekommen gabe des heligen geistes, den die hein wort geslahen mag us siner **|158a|** bescheidenheit.

15 So man spricht diu wort, diu den menschen dar nach geriuwet[328] wort, mein ich. Das da spricht wider bekenntnisse ewiger warheit.

16 Alles ds, ie geschah[329] sunder[330] werk. Das setzet minne in blosheit, als ob es nie geschehen were[331].

17 Das ist rechtu wisheit, das man erkenne den schaden des ubels und die blosheit der luterheit.

327 Denne] wan *Pfeiffer*.

328 geriuwet] geriuwent *Pfeiffer*.

329 geschah] geschah es *Pfeiffer*.

330 sunder] âne *Pfeiffer*.

331 were] omisit. *Pfeiffer*.

11 Entonces lo entiende sin hallarse corporeidad alguna. Pero ese bien, divino y múltiple, se revela en modelos o en parábolas que a su vez actúan en la corporeidad.

12 El Padre celestial no da su consuelo a nadie salvo a los que tienen los corazones en paz. Por ello dijo Cristo a sus discípulos: «Os doy mi paz»[18].

13 La paz, pues, no es resguardo de otra paz sino la del corazón.

14 Nadie podrá suponer que la recibirá en tanto que don pleno del Espíritu Santo, pues este don no permite palabra alguna dada su sencillez.

15 Se dicen así las palabras, es decir, aquellas palabras que en consecuencia hay en los seres humanos. Pero esto contradice el reconocimiento de la verdad eterna.

16 Todo esto sucedió siempre sin obra. Esto convierte el amor en una cosa sencilla como si nunca hubiera existido.

17 Es una sabiduría auténtica que se reconozcan el daño del mal y la sencillez de la pureza.

---

18 Jn 14,27.

6[332]

1 Man[333] sol nachiagen Christi[334] menscheit, unz man die gotheit gefaht.

2 So ist man der menschheit an blihen[335] und lustberlichen bilden lidig.

3 Die da nachjagent Christus menscheit, die hant vil usser diunes, und hant die menscheit Jesu Chrsti in einer gegenwerteheit nach lust und muogen vil, weinen die pine Jesu Christi und hant vil vil liustes und liebes dik dar inne. Aber sie hant an wesenne niht ganzes nachvolgens dem bilde Jesu Christi. Wan so man si riuret mit einem wort, so findet man si.

4 Denne so jaget man recht nach Christi[336] menscheit, so man alle naturlicheit uberwindet. Und man vollekommenlich nachgevolget het dem bilde Jesu Christi, uf allen stucken, den hat man die gotheit **|158b|** gevangen, also vil wirt man wol der menscheit lidig. Das man niht als vil usserre iubunge mag han und man[337] och niht als vil weinens mag han umbe die pine Christi als da vor.

5 Aber des enwirt si niemer lidig, si muesse dem bilde Jesu Christi an wesenne volgen unz uf den tot.

332 Lp. 16 *Pfeiffer. Continetur etiam in* Berlin, Staatsbibliothek, Ms. germ. oct. 65 (mgo), 95v-96v (*B2*) *et* Ms. germ. oct. 4 (mgo), 102r-105r (*B7*); Gotha, Forschungsbibliothek, Cod. Chart. A 13, 127r-133v (*Go1*); Karlsruhe, Badische Landesbibliothek - Cod. St. Peter perg. 85, 27r (*Ka1*); St. Gallen, Bibliothek des Benediktinerstifts, Cod. Sang. 972a, 41-45 (*G1*); Utrecht, Universiteitsbibliotheek, Ms. 9 B 8, 67r-68r (*U1*).

333 Man] Wan *Pfeiffer.*

334 Christi] *coni. Christus E2* Kristi *Pfeiffer.*

335 blihen] pînlichen *Pfeiffer.*

336 Christi] *coni.* Christus *E2* Kristi *Pfeiffer.*

337 man] wan *Pfeiffer.*

6

1 Hay que perseguir la humanidad de Cristo hasta que se alcance la deidad.

2 Por ello está la humanidad huérfana de modelos resplandecientes y pálidos.

3 Quienes persiguen la humanidad de Cristo tienen mucho que hacer si consideran la humanidad de Cristo con una presencia a su parecer y desear, lloran los huesos de Jesucristo y encuentran en ellos frecuentemente un gran placer y amor. Pero en esencia no tienen nada que sea modelo de Jesucristo, pues se encuentra cuando se busca con la palabra.

4 La humanidad de Cristo, en verdad, se persigue superando todo lo natural. Porque al que ha seguido por completo el modelo de Jesucristo, en todas partes, a este lo abraza la deidad como para que quede libre de su humanidad; como para que uno quiera tener la nada sin esfuerzos; como para que uno quiera tener la nada sin llorar como hasta ahora por los huesos de Cristo.

5 No obstante, (la humanidad) no se librará nunca de esto, tiene que seguir en su esencia el modelo de Jesucristo hasta la muerte.

6 Und wenne volgent[338] si? dem bilde Jesu Christi? an wesenne? Das tuot si denne, so si nach gat, als er vor gegangen hat, als es muglich ist niht in einer geliche, wan dar zuo enmag creature niht komen, aber wenne volgent si dem bilde Jesu Christu.[339]

7 Das tut si denne, so si armuot, ellende, versmehte, widerwertekeit und alles das uf si gefallen mag, getultekliche lidet, und niht alleine gedulteklich, och willeklich und begirlich, und frolich, also ds si unbeweiget belibe von allen dingen, also ds si liep noch leit haben muoge von keinen dingen. Und das siu nieman si noch och ir nieman si, also ds si habe ein blos lidekeit ir selbes und aller dinge.

8 Das ist lidig, ds an nut[340] haftet und dar umbe ist si lidig ir selbes, so si des iren nieme gesuochet an keinen dingen. So si niht haftet uf creature noch **|159a|** creature an mir niht enhaftet, und das si niht enruore, noch och si niht beruret werde.

9 Und so hat si den ein blos litkeit ir selbes und aller dinge, und stat uf einem einvaltigen wesen ir blosheit als sie us geflossen ist us irem ursprunge und in der selben blosheit si och wuder in fliessen sol.

338 volgent] volget *Pfeiffer*.

339 *Aliter apud Pfeiffer legitur*.

340 nut] *i.e.* nit nihte *Pfeiffer*.

6 ¿A quién siguen? ¿A la imagen de Cristo? ¿A qué esencia? (La humanidad) lo hace ya en la medida en que camina como Él caminó, pero no del mismo modo, ya que la criatura no puede llegar, pero sí seguir el modelo de Jesucristo.

7 (La humanidad) lo hace en la medida en que encuentra regocijo en la pobreza, la miseria, la deshonra, el desprecio y en cuanto le venga, cuando padece paciente, y no solo paciente, sino también con voluntad y afirmación, y feliz, hasta el punto de permanecer impasible ante todas las cosas; hasta el punto de que no se sienta dolor de nada. Que no sea nadie ni nadie esté para ella sin que tenga un mero padecer de sí misma y de todas las cosas.

8 Esto es solo lo que se apega a la nada y que por ello está libre de sí, ya que de este modo (la humanidad) no se busca a sí misma nunca en las cosas, no se apega a ninguna criatura ni ninguna criatura se me pega a mí, y (la humanidad) ni toca ni tampoco pueda ser tocada,

9 De este modo, lo suyo es un mero parecer en sí misma y de todas las cosas, y asienta en un ser único su sencillez en tanto que fluyó de su origen y en su misma sencillez habrá de fluir de nuevo.

7[341]

1 Do unser herre Jesus Christus an dem abende sas und mit den iungeren ob dem nachtemas as[342], do brach er das brot und segente es und sprach zuo den iungeren: »Nement, das ist min lichtam«. »Nement das«, als ob er spreche: »Nement alle mine liplicheit, alle mine selikeit, alle mine gotheit. Nement das allen den trost, den diu sele enphahen mag.«

2 Der da swebet ob allen dingen, nement ds, wem git er das? dem das mit hungriger girde alle wege und mit grosse hitze durstet? wer sol ds nehmen?

3 Driu urkunde siulent die liute haben.

4 Ein urkunde is, ds man lebe nach gesetze der heligen Christenheit.

5 Das ander ist ein guot bescheidenheit und der gnuok sin wesenne.

6 Das dritte ist ein blos abekeren von aller geschaffenheit und alleine haften uf siner ungewordenheit[343]. Und das si blos bestant aller naturlichheit. **|158b|**

7 Ir werdent och drie nutze von der enphahunge unsers Herren lichamen.

8 Der ein ist ein gutlich trost, das alles, das uf ertriche der sele gotliches trostes werden mag, ist niht dem gelich[344].

341 Lp. 17 *Pfeiffer*. Continetur etiam in: Berlin, Staatsbibliothek, Ms. germ. oct. 65 (mgo), 85r (*B2*) et Ms. germ. oct. 4 (mgo), 102r-105r; Gotha, Forschungsbibliothek, Cod. Chart. A 13, 127r-133v (*Go1*); Utrecht, Universiteitsbibliotheek, Ms. 9 B 8, 52v-53r (*U1*). Karlrsuhe, Badische Landesbibliothek, Cod. St. Peter perg. 85, 73v (*Ka1*).

342 nachte mag as] nahtmâze *Pfeiffer*.

343 gewordenheit] ungewordenheit *Pfeiffer*.

344 gelich] gelichet *Pfeiffer*.

7

1 Cuando nuestro Señor Jesucristo se reunió aquella tarde y comió con sus discípulos la Última Cena, partió el pan y lo bendijo diciendo a los discípulos: «Tomad, este es mi cuerpo»[19]. Dijo «tomad esto» como si dijese: «Tomad toda mi corporeidad, toda mi dicha, toda mi deidad. Tomad todo este consuelo que puede recibir el alma».

2 ¿Quién hay detrás de todas estas cosas, de este «tomad esto»? ¿A quién se lo da? ¿Al que con ansias hambrientas se muere de sed por los caminos y bajo el gran calor? ¿Quién debe tomarlo?

3 Tres señales han de portar las personas.

4 La primera es que se viva según la ley de la santa cristiandad.

5 La otra es una buena humildad y tener suficiente de su ser.

6 La tercera es alejarse de todo lo creado y, en solitario, aferrarse al estadio no desarrollado. Y que se supere cualquier naturalidad.

7 Sacaréis tres utilidades al recibir el cuerpo de nuestro Señor.

8 La primera es un consuelo agradable de modo que no sea nada igual en la tierra al consuelo divino para el alma.

19 Mt 26,26; Mc 14,22; Lc 22,19.

9 Der ander ist liehte an siner gegottetter menscheit. Und das liechte ist zwivalt. Ein liecht ist underscheit der gebresten und das man lebe nach dem bilde Christi ane gebresten nach muglicheit. Das ander liechte bewiset alles das guot, das got der sele git nach bewisunge siner minne.

10 Der dritte[345] ist gotlich einekeit: uf ertrich wirt si niht naher geeiniget den mit enphahen Christus lichamen[346].

11 Dar umbe sprach der liebe Christus, da er bat fur sin iungern. »Vatter, ich bit dich, das si ein werden in uns, als ich und diu[347] ein sin«.

12 Er meinde also, das wir ein sollten werden in siner menschelicher nature, als er und der vatter ein ist in gotlicher nature, und diu einigunge lit an der glicheit, dar nach volgeunge sines edlen bildes nach muglicheit.

13 Dar umbe sprach Christus: »Vatter, ich bit dich, das si werden ein in uns«, also ds alle mine liplicheit und alle mine selikeit sich ergies in ir selicheit[348] und das **|160a|** alle ir geslicheit geruket[349] werde in mine gotheit.

8[350]

1 Es sind driu zuonemen an fromen liuten.

---

345 dritte] dirtte nutz *Pfeiffer*.

346 lichamen] lichames *Pfeiffer*.

347 diu] *coni.* du du *Pfeiffer*.

348 ds alle ... selicheit] daz alliu min liplicheit sich ergieze in ir sêlekeit *Pfeiffer*.

349 geruket] *i.e.* geruhet.

350 Lp. 22, 639,25-35 y 640,4-9 *Pfeiffer* (LS 3,8,1-17), Lp. 24 *Pfeiffer* (LS 3,8,18-24), Lp. 29 *Pfeiffer*, 641,21-22 (LS 3,8,25), Lp. 30 *Pfeiffer* (LS 3,8,26-30), Lp. 31,641,29-32 (LS 3,8,31-33) *Pfeiffer*, Lp. 35, 642,27-30 *Pfeiffer* (LS 3,8,34-36). *Continentur etiam hae sententiae in* Berlin, Staatsbibliothek, Ms. germ. oct. 65 (mgo), 85r-94r (*B2*); Gotha, Forschungsbibliothek, Cod. Chart. A 13, 127r-133v (*Go1*) et Utrecht, Universiteitsbibliotheek, Ms. 9 B 8, 52v-65r (*U1*). *Continentur* Lp. . 22 et 24 Pfeiffer in St. Gallen, Bibliothek des Benediktinerstifts, Cod. Sang.

9 La otra es la luz en su humanidad deificada. Y la luz es ambivalente. Una luz es la diferencia de la carencia y de vivir según el modelo de Cristo sin carencias, según sea posible. Esta otra luz demuestra todo el bien que Dios pone en el alma según los designios de su amor.

10 La tercera es la unidad divina: en la tierra no habrá nada más propicia a ella que el recibir el cuerpo de Cristo.

11 Por esto Cristo, cuando se le pidió, habló así a sus discípulos: «Padre, te pido que seamos uno en nosotros, en tanto que yo y tú somos uno»[20].

12 Lo que quería decir es que tendremos que ser uno en su naturaleza humana en tanto que Él y el Padre es uno en la naturaleza divina, y que la unión reside en la igualdad, por lo tanto, en la estela de su noble modelo en la medida de lo posible.

13 Por eso dijo Cristo: «Padre, te pido que sean uno en nosotros», para que toda mi corporeidad y toda mi dicha se vierta en su dicha, y que toda su estirpe repose en mi deidad.

8

1 Han de verse tres cosas en la gente piadosa.

20 Jn 17,21.

2 Das ein ist naturlich. Zwen alliu naturlicheit wirt durchkrieget und uberwunden, und stat in steter sigenufte[351], so der mensche zuo dem ersten ansihet einen ieglichen in val, das er stant uf ime und wir uf uns, einkeiner leige in val entwissen[352]. Si wirken[353] liechte in frumen liuten, wan das wirt ir weselich vil nach als naturlich weselich, doch von gnaden. Ein gotlich ungunst ze allen in vellen, die bos sint.

3 Das ander ist ein unwissent zuo nehmen. Das ist[354], das der mensche also vergeistet si, ds wort wandel und alles sin wesen ze male usliuchte in ander liute mit bekentnisse ir selbes gebrestlicheit; ds alle[355] naturlicheit ruowe und geist blos sutzet,[356] und nicht allein ist si ein liechte den liuten, mer der sigent, erschriket[357] och ab ir.

4 Das dritte zuo nehmen is geistlich. Swenne solicher erfullet wirt von influssen gotliches geistes, so dringet minne gegen[358] **|160b|** minne. Und luchtet liechte gegen[359] lechte und er git minne und diu sele enbrinnet. Und ds ist doch niht sunder[360] ir wissen.

5 Das erste zuo nehmen is vernunftige, das dritte ist och vernunftige, aber ds mittel ist unvernunftiger.

972a, 2-6 (*G1*). *Continetur* Lp. 24 Pfeiffer in Karlsruhe, Badische Landesbibliothek, Cod. St. Peter perg. 85, 73v (*Ka1*). *Fragmenta* Lp. 29, 30, 31 et 35 *plerique fontes continent.*

351 steter sigenufte] stânde gesiget *Pfeiffer.*

352 entwissen] enwissen *E2* enist *Pfeiffer.*

353 si wirken] er enwürke *Pfeiffer.*

354 das ist] *ommit. Pfeiffer.*

355 alle] alliu *Pfeiffer.*

356 *Add.* Daz heize ich leiht *Pfeiffer.*

357 erschriket] er schriket *Pfeiffer.*

358 gegen] gen *Pfeiffer.*

359 gegen] gen *Pfeiffer.*

360 sunder] ân *Pfeiffer.*

2 La primera es un ser natural. Cuando se aprecia toda naturalidad y se supera, y se está en posición triunfante, el hombre entonces se fija primero en un similar, en el caso de que esté sobre él y nosotros sobre nosotros para no errar en ninguna piedra. Estas cosas hacen la luz en la gente piadosa, en la medida que su esencia se vuelve esencialmente natural, si bien por la gracia, la cual Dios no da a los malvados.

3 La otra es ser tomado por alguien que no sabe nada. Es decir, que el ser humano sea espiritual, que la palabra cambie y que todo su ser, de repente, alumbre a la gente reconociendo su propia debilidad; que toda esta naturalidad descanse y el espíritu sin más se apoye, porque no es solamente una luz para las personas, sino que Él, triunfante, aparta toda debilidad.

4 La tercera es ser tomado por espiritual. Cuando se da esta (condición) de los influjos del espíritu de Dios, el amor se lanza sobre el amor. Y la luz alumbra contra la luz. Y Él da amor y el alma arde, lo cual no sucede sin que lo sepáis.

5 La primera de las cosas es racional, pero la tercera lo es también, si bien el medio es más irracional.

6 Nu ist frage, was unsers herren[361] licham wirk in den menschen. So sprich ich, er wirket ds in den Menschen, das diu naturlicheit geliutert wirt, ds er stat sunder[362] totlich sunde in einem steten willen niemer totlich sunde ze tuone.

7 Ein anders git erluchten liuten, das si werdent bereit gotlich liechte ze enphahenne, und sturben si och denne, si kemen nie mer in mittel.

8 An wesene bekennet man wol aller liute leben sicherlich? Der aller menschen willen abegat, der mag aleine erfullen[363] gottes willen.

9 So vil sin stark, so viel sin wir durgossen werden mit[364] gotlicher macht zuo wider widerstenne allem dem, das mittel machen mag zwischent uns und gotte.

10 So wirt[365] stuonden uf unserre ersten unschulde, als erste fiengen wir an ze lebenne.

11 Erstiu unschulde mag niht wol erworben werden ane gotlich liechte.

12 Das ist einvaltige erstiu unschulde: swenne bilde aller tuogende gelingent **|161a|** in den menschen und er stat sunder hindernisse aller naturlicheit in ewiger warheit.

13 Das heisset alleine vollekomen, das da nihtes niht suochet us sinem wesenne.

14 Das heiset ein milter mensche, des liuterkeit einkeine betruobnisse betruben mag.

361 herren] herre Jêsus Kristus *Pfeiffer*.

362 sunder] âne *Pfeiffer*.

363 erfullen] vollebringen *Pfeiffer*.

364 mit] *coni.* unt *E2Pfeiffer*.

365 wir] *coni.* wirt *E2Pfeiffer*.

6 La pregunta es cómo obra el cuerpo de Nuestro Señor en los seres humanos. Por ello digo que Él hace en los seres humanos que se purifique su naturaleza de modo que Él pueda estar allí sin el pecado mortal, en una voluntad constante de nunca pecar mortalmente.

7 Otra cosa hace que la gente iluminada esté preparada para recibir la luz divina, porque si muriesen dejarían de recibir estos medios.

8 ¿En qué se reconoce con seguridad la vida de la gente? En aquel que se aparta de la voluntad de todos los hombres, pues solo él podrá cumplir la voluntad de Dios.

9 En la medida que seamos fuertes seremos insuflados con el poder de Dios para poder enfrentarnos a todo lo que se pueda interponer entre nosotros y Dios.

10 Así estábamos en la primera inocencia, cuando fuimos los primeros que empezamos a vivir.

11 La primera inocencia no se puede recibir sin la luz divina.

12 Esta es la primera inocencia única: cuando los modelos de todas las virtudes actúan en los hombres y Él está sin impedimentos de toda la naturaleza en la verdad eterna.

13 Esto hace que sea solo perfecto lo que busca la nada de su ser.

14 Esto hace que un hombre piadoso sea aquel cuya pureza no se consigue ofuscar con ninguna tribulación.

9[366]

1 Ein heilige spricht: »Herre, do ich verstuont, das diu wert ein guot, das sich selber geflossen het in alle creature, do kert ich mich fliseklich dar uf, das ich mich dir in allen dingen dienstberlich erbeiten wollte mit tuogenderichen werken. Do ich das getet, do wart ich do verstent, das diu wert ein guot, das ob alle dingen was.

2 Do kert ich minen flis, wie ich mich allen dingen enzuoge und si ze male bewerden lies, und das, was mir ein wile gar siuere.

3 Und da von muoste ich dinge[367] lange enpern, und do ich och das getet, do wart ich aber furbas gewiste und verstuont da, ds diu dir selben ein wonunge hast gemat, het in der **inrekeit** miner sele und do rief ich allen minen bresten der sele, und sament si ze samen, und kert mich ze male in mich selber und da han ich befunden, das diu mir aliu zit da heime bist.

4 Du, kleinoter unsers herren, da **|161b|** mit er sin erwelten frunt meinet.

5 Das ist verlust des guotes und abfluz der frunden und siech tage und underzuk gotliches trostes.

6 An drin dingen bekennet man einen guoten menschen.

7 Das erste ist abscheiden die creatur, ds man an den niht behafte.

8 Das ander, das man habe eine liechtes underscheide siner gebresten und das er die mit flis an im selber vertruke.

9 Das dritte ein gottlich vernuft, diu lichteklich verstant, ws got in siner sele heischet.

366 *Hic sermo vulgo anonymus traditus.*

367 dinge] *coni.* dine *E2* dinge *Pfeiffer.*

9

1 Un santo dice: «Señor, cuando entendí que los valores son un bien que fluyó por sí mismo en todas las criaturas, me empeñé en que no quería servirte en todas las cosas con obras virtuosas. Y fue empezar a hacerlo y a entender que los valores son un bien que está en todas las cosas,

2 Me entregué al empeño de cómo apartarme de todas las cosas y dejarlas finalmente, así como de todo lo que pueda hacer el albedrío.

3 Desde este momento tuve que renunciar a cosas, pero fue hacerlo y empezar a saber y entender que te has hecho un hogar, que si yo lo tuviera en el interior de mi alma yo llamaría a todas las debilidades del alma y las juntaría allí, y entonces volver en mí y me lo encontré en mi casa».

4 Tú, pequeña joya de nuestro Señor, con quien él piensa en su amigo elegido.

5 Es la pérdida del bien, la marcha del amigo, los días enfermos y el vacío del consuelo divino.

6 En tres cosas se reconoce a una buena persona.

7 La primera es la separación de la criatura, de modo que uno se aferre a la nada.

8 La otra es que se tenga una leve diferencia de sus debilidades y de aquello que se haga con empeño en uno mismo.

9 La tercera es una razón divina que entienda con sencillez lo que Dios le pide a su alma.

10 Rechte durnechtekeit ist das, zwas got nicht in die sele treit, das ds mit bitterkeit enphangen werde. Driger leige kiunste solin haben frome liute.

11 Das erste, das ir verstentnisse also gescherphet si, das haben ein bloz liuter verstan auf das aller hoste, das in si gefallen mag, wa nature in inre oder me zuo mische. Das si das bekennen und ime abe gange.

12 Das anders, was si zetuone habe, das si das alle wege ansehen weder es gange usser einem naturlichen grunt oder usser einen gotlichen grunde.

13 Das dritte ist, das ir verstentnisse also suptil si, das si alle geiste und das allerminste liecht, das in si gefallen mag, das si das **|162a|** bekennen, weder es si von got oder von eine falschen geiste.

14 Eines lutren menschen spise ist ein luter konciencie, swel mensche in ungemachte ungedultige funden wirt.

15 Das ungemach machet niht die ungedulte der untuogent in ime, mer es offenbaret die untugent der ungedulte.

16 Ime geschihet als einem kupher in pheminge: die wile, er in dem fiure nicht enist. So schinet er wise silber, kumet er aber in ds fiure, so ist es kuppherin. Und das fiure enmachet in niht kupperin, mer es offenbaret, ds er kuppherin ist.

10 La auténtica perfección no es lo que Dios pone en el alma como para ser recibido con acritud. Tres sencillos artes deben tener la gente piadosa.

11 El primero es que su entendimiento esté lo suficientemente afilado como para tener una razón pura ante todo lo que pueda pasar, tanto en la naturaleza interna o que se pueda mezclar. Se trata de poder reconocerlo y huir.

12 Otra cosa que debe hacer (la gente piadosa) es mirar todos los caminos, mas no surcarlos salvo por un motivo natural o un motivo divino.

13 El tercero es que se tenga un entendimiento tan sutil como para que se pueda reconocer todo el espíritu y la luz más amorosa que le pueda caer, y si viene de Dios o si es de un espíritu equivocado.

14 El alimento de un hombre puro es una conciencia pura, ya que el hombre se muestra en imperfecto desasosiego.

15 La incomodidad no es la que crea el desasosiego de la ausencia de virtud, sino que revela la desvirtud del desasosiego.

16 Le pasa lo mismo que a una falsa moneda de cobre: no está mucho en el fuego. Puede brillar como plata, pero cuando va al fuego resulta falsa moneda. Y no es el fuego el que hace de ella una falsa moneda, sino que la revela como falsa moneda.

10[368]

1 Unser herre spricht zuo dem menschen: »Ich bin uch menschen gewesen, ensinnt ir mir niht gut, so duont ir mir unrecht.

2 Wan[369] mit miner gotlichen natiure wonte ich in uiuer menschlicher natiure, also das mines gotlichen gewaltes nieman verstuont, und man mich sach wandelen als einen andren menschen. Also sullent ir uch in uiuere menschlicher nature iubergen in mine gotlichen nature, das iuier menschelicher krancheit an uch nieman bekenne und uiuer leben ze male gotlich si **|162a|** und das man an uch niht bekenne want got.«

3 Und das lit niht daran, das wir sueser worten und geislicher[370] geberden singen und das wir grossen schin haben von helikeit, und das unser name iure und wite getragen werde, und das wir groslich geminnet werden von gottes frunden und das wir von got also verwennet und verzartet sigen.

4 Das us dunket, ds got aller creature vergesen habe, unz an uns alleine und ds wir wenen, swes wir von got begern, das si als es iezent geschehen si. Dis enist niht ds got von uns heischet.

368 Sermo LVII, 181,29-182-30 *Pfeiffer*. *Continetur etiam in* Basel, Öffentliche Bibliothek der Universität, Cod. B IX 15, 258v-259v (*Ba2*); Berlin, Staatsbibliothek, Ms. germ. oct. 65 (mgo), 111r-113v (frg.) (*B2*) *et* Ms. germ. qu. 841 (mgq), 10r-12r (*B5*); Gießen, Universitätsbibliothek, Hs. 879, 16v-21r (*Gi1*); Koblenz, Landeshauptarchiv, Best. 701 Nr. 149 (No. 43), 84r-86v (*Ko*); München, Bayerische Staatsbibliothek - Cgm 365, 172r-173v (*M2*); Stuttgart, Württembergische Landesbibliothek, Cod. (ascet.) HB I 6, 90v-94r (*St1*). *Hic sermo etiam in editione Tauleri, i.e.* Ioannis Tauleri des heiligen lerers Predig / fast fruchtbar zu° eim recht christlichen leben. Basel Anno M. D. XXI, 315vb-316vb (*BT*), *editus est*.

369 Wan] omisit. *Pfeiffer*.

370 geislicher] *i.e.* geistlicher.

10

1 Nuestro Señor dijo a los hombres: «Yo también he sido hombre, si no os acordáis de esto seréis injustos conmigo.

2 Mientras que viví en vuestra naturaleza humana con mi naturaleza divina, nadie entendió aquel poder divino mío, aun cuando se me vio caminar como a cualquier otro hombre. Tenéis por ello que entregaros a mi naturaleza divina en vuestra naturaleza humana, ya que así no reconocerá nadie vuestra enfermedad humana, de modo que vuestra vida sea por fin divina y solo Dios pueda ser reconocido en vosotros»[21].

3 Esto no reside en que cantemos con dulces palabras ni gestos espirituales; tampoco en que tengamos una gran aura de claridad o que nuestro nombre sea portado por doquier; tampoco en que seamos amados enormemente por los amigos de Dios ni que tampoco seamos malcriados ni acariciados por Dios.

4 Tampoco es que os parezca que Dios haya olvidado a todas las criaturas para que lloremos solas, por lo que queremos de Dios, por lo que ha sucedido. Esto no es lo que Dios nos pide.

21 Cf. Jn 3,13-21.

5 Es geit, als andres er meinnet, das wir frilich und unbeweiget funden werden, so man uns spricht, das wir falsche liute sigen und unwarhaft. Und was man spricht, da mit wir unsers guoten liumten berobet muogen werden und niht alleine, das man uns ubel spricht.

6 Och, das man uns ubel tuot und man uns abezuhet die helfe, der wir zuo unsers libes not[371] niht enbern muogen und sws bine!

7 Ds ist, diu uns ze liplicher arbeit bringen mag, und so wir in unsern erbeiten und werken getuegen das aller beste, das wir erdenken[372] kunnen. Und uns das **|163a|** die liute kerent zuo dem aller ergesten[373], ds si erdenken kunnen, und das wir das niht alleine von den liuten liden, mer och von got.

8 So er uns enziuhet sinen gegen werdigen troste, und so er recht duot, als ob ein miure zewieschent uns und ungemachet si, und so wir mit unseren erbeiten zio ime komen trost und helf suochen.

9 Ds er den duot rechte, als er siniu ougen for uns beslies, und das er uns weder sehen noch horen welle. Und das er uns alleine lat stat, fehten in unseren noten, als Christus gelassen wart von sinem vater in siner marter[374].

10 Seht[375] hie, sollten wir uns in siner gotlichen natiure verbergen, das wir also ungeneiget stuonden in unsrem untroste, uns mit dieheiner[376] creaturen ze behelfende. Want alleine mit dem wort, das Christus sprach, do er sprach: »Vater, din wille der werde vollebracht.«

371 not] nôtdürfte *Pfeiffer*.

372 erdenken] *coni.* erdeden *E2* erdenken *Pfeiffer*.

373 ergesten] boesten *Pfeiffer*.

374 in siner marter] omisit. *Pfeiffer*.

375 seht] sehent *Pfeiffer*.

376 dieheiner] dekeiner *Pfeiffer*.

5 Se trata, al contrario de lo que parece, de que nos encontremos libres e impasibles, de modo que se nos diga que vencimos a las personas equivocadas y no veraces. Y que se diga esto para que nosotros podamos ser reconocidos por nuestra buena fama y no por las cosas malas que se digan de nosotros.

6 ¡Oh, nos hace mal porque nos quitan la ayuda sin la que no sabemos estar en la necesidad de nuestro yo y de lo soy!

7 Es decir, esa ayuda que nos puede llevar a un trabajo corporal para que con nuestro quehacer y nuestras obras cumplamos del mejor modo que podamos pensar, y para que la gente alcance la fama mayor que pueda imaginar, y para que no solo padezcamos por la gente, sino principalmente gracias a Dios.

8 Porque Dios nos quita su consuelo, y hace bien, pues es como si construyera un muro entre nosotros y lo que no está hecho, pero así nosotros con nuestros quehaceres podemos llegar a Él para buscar consuelo y ayuda.

9 E hizo bien cerrando los ojos ante nosotros para no querer vernos ni oírnos. Porque nos ha dejado solos, luchamos en nuestras necesidades también cuando Cristo fue dejado por su Padre en su martirio.

10 Fijaos, pues, cómo debemos resguardarnos en su naturaleza divina para no volcarnos en nuestro desconsuelo como para ayudarnos con las otras criaturas. Esto es lo que dijo Cristo cuando habló con estas palabras: «Padre, que tu voluntad sea consumada»[22].

22 Lc 23,46; Jn 19,30.

EPÍLOGO FILOSÓFICO

Reencontrar la luminosa nada en tiempos oscuros. Sobre la actualidad del pensamiento del maestro Eckhart

Antonio de Diego González

Los textos que el lector acaba de leer nos proponen pensar la experiencia espiritual de forma un tanto diferente a la que estamos acostumbrados. Vivimos en tiempos oscuros, complejos, inciertos, donde nada es lo que parece. Una época de sombras y simulacros donde lo técnico, el dato y la cantidad ha suplantado a lo numinoso, a la naturaleza e incluso al propio ser humano. La tradición puede suponer un camino factible para volver a situarnos en un plano ontológico justo que no nos asfixie con verdades dogmáticas ni con signos inequívocos, aunque pudiera parecer lo contrario. El cientifismo, la ideología y el progreso exigen como víctimas de un holocausto sacrificial a nuestra imaginación, a nuestra capacidad creadora y hermenéutica.

Mucha gente cree que los autores tradicionales, como el maestro Eckhart, están desfasados, que poco pueden aportarnos a nosotros. Es cierto que hablamos de textos antiguos, que parecen hablarnos de teología desfasada e incluso son entendidos como «ficción» frente a verdades constatables. Pero la tradición esconde algo que trasciende a la ciencia y es la capacidad de interpelar a nuestro interior, a nuestra alma (*seele*) a través de los símbolos. La tradición siempre habla en símbolos que aún están vivos, que no han muerto y que se van amoldando plásticamente a los devenires históricos. Estos son dinámicos y sus lógicas son extraordinariamente complejas. Por eso, la auténtica sabiduría, la *sapientia avrea*, es vigente tras siglos de haberla formulado, pues vive en el instante, como decía el maestro japonés Dōgen: «Aunque lo ignores, si suscitas la aspiración al Despertar, sin lugar a dudas, te moverás hacia el Despertar. Este es ya el instante»[1]. Es en ese justo instante cuando la tradición activa los recursos que posee y rompe las categorías filosóficas y religiosas estándar.

Eckhart von Hochheim (1260-1328) fue una figura controvertida, quizás por la claridad de su experiencia espiritual y, al mismo tiempo, por la aparente inteligibilidad de sus palabras. Una claridad oscura. Muchas palabras que excedían la lógica. Sus contemporáneos decían que era un *lebenmeister*, un maestro de vida, es decir, no solo era el teólogo profesor (*lesenmeister*) de la Universidad de París, sino alguien que había aprendido a vivir en plenitud, a contemplar más allá de las formas, llegando, incluso, a la nada. Ese vacío necesario para que la plenitud y la creación se produzcan. Desafió a la metafísica aristotélica desde la tradición; una tradición que, por una parte, provenía del neoplatonismo y, por otra parte, era pura intuición y experiencias hierofánicas.

Para alguien formado en la tradición occidental, incomoda pensar en la nada. Este es uno de los grandes problemas ontológicos en nuestra filosofía, sobre todo cuando se conjuga con su relación con el Ser. La nada suele ser homóloga de negatividad, de no-existencia e, incluso, de falta de fundamento moral. El nihilismo, es decir, la fundamentación de la realidad en la nada, es sinónimo para el profano en temas de ontología de algo negativo, sin valores, de no-ser/no-existencia. La historiografía filosófica occidental no comprendió una filosofía sin el Ser hasta el siglo XX, cuando Heidegger, en *¿Qué es metafísica?* (1930), cuestionó por qué al invertir la pregunta clásica:

1 Dōgen, *Shōbōgenzo*, p. 328.

«¿Por qué hay ente y no más bien la nada?»[2]. Heidegger había sido consciente de la complejidad que suponía haber desarrollado una filosofía, mayoritariamente, en torno al ser y con un fuerte olvido de la propia existencia «ahí» (*dasein*). A pesar de Heidegger y sus seguidores, la filosofía y la ciencia han seguido obviando la pregunta y conduciendo a nuestra cultura a una situación de «esquizofrenia epistemológica» con fuerte desconfianza hacia la metafísica y aparentes certezas en los hechos y los datos. Las consecuencias las conocemos: el relativismo, el miedo intelectual y la ideología son tres excelentes síntomas del problema del nihilismo contemporáneo.

La posmodernidad, a mediados del siglo pasado, terminó de asumir esta premisa y, con cierto relativismo, hirió de muerte la posibilidad de buscar más allá de las palabras y de los hechos. Como la ciencia moderna, su objeto era la simple construcción de la realidad en vez de la pregunta por la realidad como tal. ¿Matar a la modernidad dinamitando cualquier posibilidad de trascendentalidad? Parecía un éxito; con Dios muerto, con el ser humano agonizando y creyendo que todo es una narrativa, la esperanza de la trascendencia pareció esfumarse. Al cansancio de la posmodernidad, a comienzos de este siglo, esta fue rápidamente suplantada por transhumanistas, especialistas en lenguaje y datos, y algunos aduladores de *monstruos de la modernidad* que disfrutaban como si de un bestiario medieval o un libro de *goetia* se tratase. El ser humano era —como explica Gianni Vattimo— una simple máscara, entregado a una subjetividad sin herramientas[3]. Pero ¿realmente hacía falta romper con todo?, ¿decir que la Realidad era una narración? Creyendo liberarse de la tiranía de la razón, el logos en su forma de palabras se enraizaba aún más.

Por eso, uno de los grandes problemas filosóficos de Occidente ha sido asumir la positividad de lo trascendental, es decir, que lo absoluto era en positivo. Solo existía esa realidad trascendental y de

---

2 Heidegger, *¿Qué es metafísica?*, p. 43.

3 Cf. Vattimo, *Il soggetto e la maschera*.

ella todo dependía. Se trataba de una rebeldía prometeica, casi luciferina, frente a la existencia y a la *physis*. Una existencia que muy pronto se le llamó Realidad y en ella ya no cabía la nada. La propuesta aristotélica de jugar toda la metafísica al lenguaje humano fue muy peligrosa, pero su planteamiento triunfó como una vía donde el ser humano dominaba otra realidad. Y así continuó por algunos siglos en nuestras tierras de poniente. Es cierto que hubo disidentes: gnósticos, neoplatónicos y algún alquimista antiguo, como Zósimo de Panópolis. Ellos sí valoraban la vía negativa, sí creyeron que nuestra lógica, derivada de nuestro logos, era insuficiente para acceder a lo Real, pero sus posiciones quedaron relegadas por el avance de las ciencias empíricas y de una teología positiva que apostaba más por Aristóteles en vez de Plotino.

En parte, la convivencia entre la realidad mistérico y el planteamiento aristotélico fue efectivo mientras los símbolos y la vida simbólica, como en Grecia o en la Edad Media, acompañaban al ser humano. Lo iniciático funcionaba pública y paralelamente, se consideraba una vía válida. Los símbolos matizaban la dureza existencial y jugaban con lo imaginario, aportando otras posibilidades para el ser humano. Y, si bien muchos no apostaban por la vía mística, sabían que lo extraordinario existía en el mundo. Pero, poco a poco, esa positividad ante la realidad y la existencia se ligó a un cierto deseo de progreso y una mejora constante del ser humano en su medio, traduciéndose en un optimismo desmedido y, finalmente, en un despotismo de lo antropocéntrico. El hombre despreciaba el rol microcósmico del ser humano frente a un macrocosmos más complejo e ignoto, pidiendo todo el poder técnico y moral para él.

La modernidad abusó de este planteamiento epistemológico aplicándolo por doquier y muy especialmente en la ciencia contemporánea. Lo que existía era real; lo que no, una simple fantasía, una fabulación. Cuando en el siglo XIX irrumpió la secularización, es decir, la extirpación de lo sagrado en la esfera pública, de lo hierofánico en lo cotidiano, condujo a un irrevocable nihilismo y a las ideologías. Pero aquel nihilismo ya no propugnaba la ruptura de tiempo y espacio para trascender —como otras culturas sugerían las vías del vacío—, sino que ponían al ser humano en la angustia plena al borde del abismo. Ante el terror de verse frágil, solo y desamparado, sin ningún tipo de asidero. Job sin Dios, ¿hay algo más terrorífico? El siglo XX ha seguido siendo el del desamparo y la extrañeza, un momento de advenimiento de una nada que ya no aporta, que aniquila valores y que es extraña a la realidad que vivimos. Autores como Martin Heidegger en Europa o Nishitani Keiji en Japón se atrevieron a alzar la voz y ver aquella nada como un posible fundamento de Realidad. Heidegger diría, de nuevo en *¿Qué es metafísica?* (1930), lo siguiente, que resume toda la argumentación anterior:

> Pero entonces ¿por qué nos preocupamos de esta nada? Precisamente, la ciencia rechaza la nada y prescinde de ella como de algo nulo. Ahora bien, al despreciar de este modo la nada, ¿no estamos precisamente admitiéndola? Aunque, ¿se puede hablar también de admitir cuando lo que admitimos es nada? Tal vez estos giros del discurso se muevan ya en un juego de palabras vacío. Frente a eso, la ciencia tiene que volver a afirmar ahora su seriedad y lucidez: que lo único que le importa es lo ente. ¿Qué otra cosa le puede parecer a la ciencia la nada más que un espanto y una fantasmagoría? Si la ciencia está en lo cierto, entonces una cosa es segura: la ciencia no quiere saber nada de la nada. Al final, esa es la concepción rigurosamente científica de la nada: la sabemos en la misma medida en que no queremos saber nada de ella. La ciencia no quiere saber nada de la nada[4].

La ciencia moderna, y gran parte de la filosofía occidental, se aterró con la nada porque exigía una premisa mistérica, la necesidad de una *katábasis*. El no saber no era contemplado por ciertos filósofos que aspiraban a saberlo todo, a controlar el mundo. El delirio del control de la *physis* por parte del ser humano era muy poderoso. Heidegger, a lo largo de su vida, se dio cuenta del riesgo que esto

4 Heidegger, *¿Qué es metafísica?*, pp. 17-18.

suponía. La técnica, usada sin sentido, era destructiva y el mundo necesitaba desvelarse (*alethéia*) para revelar una verdad olvidada. Es en el claro (*lichtung*) donde acontece todo esto y donde se produce la escucha previa al desvelamiento. El claro es un intermundo vaciado pero presente. Al darse cuenta de esa condición, adviene el cuidado (*sorge*) no solo de uno mismo, sino del resto de entes que en ese instante se les deja ser.

Al igual que para Heidegger después de su *kehre* (giro), en las filosofías no occidentales esta situación epistemológica no constituye problema alguno, pues apuestan por la misma vía del maestro Eckhart: el vacío. Las distintas filosofías de Asia Oriental, tanto de origen budista como taoísta, contemplaban el vacío como un espacio donde toda la posibilidad era dada ante una realidad llena de claroscuros. También servía el vacío para enfatizar aquello en lo que Buda y los maestros taoístas insistían una y otra vez: la auténtica realidad, más allá de una posible unidad, es vacuidad. El budismo, especialmente en su vertiente *Mahāyāna*, propugna esa vacuidad como *śūnyatā*, literalmente, «aquello que no tiene cualidades». Un horizonte de pensamiento que se hace muy difícil para la mayoría de nosotros, pero que ofrece un excelente campo para poder contemplar no solo lo metafísico, sino también lo ético. De esta forma lo resume magistralmente el *Sutra del corazón*:

> (...) vacuidad no es, sino el conjunto de las cosas materiales; el vacío no es distinto ni está separado de lo material, lo material no es distinto ni separado del vacío. Lo que es forma material es vacío, lo que es vacío es forma material. Y, de la misma manera, las sensaciones, los pensamientos, las inclinaciones y el sentido del yo son vacíos[5].

Este *sutra*, fundacional para la mayor parte de escuelas budistas, marca un camino fascinante donde se descubre que es lo que ni

---

5 *Sutra del Corazón*, p. 141.

siquiera subyace tras lo fenoménico y que con la mente iluminada se puede despertar de la ilusión que esta presenta. Es decir, se puede romper el espacio y tiempo fenoménico desde la radicalidad potencial. Tan distinto a Occidente y con tantas posibilidades ontológicas.

Por eso, Nāgārjuna desafía a la lógica con la vía media (*madhyamaka*), entendiéndola como la ciencia de la palabra hasta reducirla al vacío, asumiendo que no hay nada permanente y estable, sino interdependiente a través de la ontología de la *pratītyasamutpāda* (originación depediente). La liberación, y el previo encadenamiento, se dan en un vacío al que se superpone una realidad *velada* por la ignorancia ontológica. El despertar solo llega en la iluminación de la conciencia de ese vacío claro, libre de tiempo y espacio físico —por ejemplo, en la tradición tibetana del *Bardo Thodol*— donde ya nada es ni siquiera existe, donde no hay ontología tan solo. Es la clara luz (*ö-sel*). Otras tradiciones budistas como el zen enfatizarán en el instante y en la inmediatez sin necesidad lógica o reflexiva como afirmará Dōgen comentando unos versos atribuidos al Buda histórico: «El universo entero es el ojo de este monje»[6]. El budismo zen considera —de acuerdo con Toshihiko Izutsu (2008)— que es imposible ir más allá del tiempo mientras se exista, pues el ser humano y la realidad sintiente está conectada a la temporalidad. Mientras haya existencia deberá, necesariamente, existir el tiempo. Por eso, la contemplación no debería ser confundida con la experiencia de la nada o la atemporalidad. La visión contemplativa de Dōgen en el *Shōbōgenzō* resulta ser, finalmente, una clave: no hay futuro ni pasado, sino presentes e instantes ontológicos, una totalidad dinámica (*zenki*)[7], que el humano percibe y que en estado de meditación debe integrar. La iluminación (*satori*) llega en el instante en el que ese tiempo y esa existencia se subsumen por el vacío en un instante presente, cuando la lógica y el propio logos colapsan.

6 Dōgen, *Shōbōgenzo*, p. 378.

7 Dōgen, *Shōbōgenzō*, pp. 347-351.

Contemporáneo de Dōgen en Occidente, el maestro Eckhart llegó a una vía de conocimiento parecida, pero con distinto destino. Su condición abrahámica, cristiano católico, y sus influencias le hacían buscar el final en Dios. Sin embargo, al contrario de muchos de sus coetáneos, se dio cuenta de que los métodos lógicos y racionales no funcionaban tan bien como él desearía. En él late, profundamente, el problema de la idolatría. Un tema onto-epistemológico por excelencia que se presenta —como ha señalado Owen Barfield (2011)— en el interés de muchos autores medievales, pero que en Eckhart se agudiza, se convierte en una preocupación radical. Su deseo al contemplar la grandeza inasible de Dios le impide personalizarlo, convertirlo en una imagen: «Hunde todo mi ser en la nada de Dios. ¡Húndete en el caudal sin fondo!»[8].

Proseguirá Eckhart en los textos que presentamos que «las semejanzas son aquello que no hay en Dios»[9]. Esta afirmación es de una radicalidad total pues se nos plantea que la Unidad, es decir, Dios, no tiene semejanza alguna. La nada es en Él, pues en un *exempla* anterior nos recuerda: «Del mismo modo que el blanco no es negro, también algo no es nada. Nada es de donde no se puede sacar nada. Algo es de donde se puede extraer algo. Así sucede siempre con Dios»[10]. La nada como absoluto, nada se puede sacar, pero todo viene de ahí, es ahí donde el alma, tras una vida dedicada a esa búsqueda de la plenitud llega y se une a Dios. Eckhart dedicará la parte final del dicho a este desgarrador instante:

> En el momento en que el alma se une a Dios, ella siempre tiene en Él todo eso que es algo, en máxima plenitud. El alma se olvida entonces de sí misma y de todas las cosas en tanto que está ella consigo misma, elevándose divina hacia Dios en tanto que Dios está con ella; y mucho además se ama a sí misma en Él y se funde con

8 *El grano de mostaza*, VIII en *El fruto de la nada*, p. 186.

9 *La mística de una luminosa nada*, I, 6: 3.

10 *Ibid.* I, 4: 4-5.

> Él sin diferencia, como para solo ya necesitarlo a Él y regocijarse de Él. ¿Qué más podría desear o conocer?[11].

Un fragmento que no puede ser más poderoso; en él se nos propone la pregunta sobre cuál es el fin del ser humano para Eckhart. El alma (*seele*), el principio vital, se une con Dios (*mit got vereint*) en la máxima plenitud (*aller vollekomenheit*). Esto trae el olvido del alma, en sí misma, y la aniquilación de la identidad. La llegada a la nada divina, como experiencia irracional, supone encontrarse con la máxima plenitud. Y es irracional porque ni la razón ni el logos pueden hacer que funcionen sus mecanismos en una realidad sin diferencia alguna. La nada eckhartiana invita a una teología negativa que no limite ni con sustantivos ni verbos la experiencia de la Realidad en sí. Y, como ya hemos dicho, esto se hace frente el amor al logos aristotélico quien intentó construir toda la realidad de palabras. Eckhart comprende que las palabras llevan a la tradición de los maestros, pero, a veces, son incapaces de expresar la verdad y ante eso solo hay silencio y totalidad. Una espiritualidad que, más allá de las categorías, busca lo divino desde una nada luminosa, más allá de las palabras.

Resulta interesantísimo que el maestro Eckhart opte por realzar la vía de la teología negativa de los neoplatónicos cristianos, como Pseudo-Dionisio Areopagita, que ante la imposibilidad de abarcar lo Real prefiriendo así negar lo que podría ser para poco a poco llegar a lo esencial, más allá del ser. Nos dirá Eckhart de quien prosigue el camino espiritual: «(...) Ha fluido una luz pura de nosotros hacia Dios; no hay diferencia casi de la que nace de Dios»[12]. La luz en Eckhart juega un rol fundamental con relación a la nada. Es de lo poco que en un estado de consciencia profundo podemos percibir, es de lo poco que nosotros podemos crear recibiendo. Esa luz tan similar a la divina nos permite recordar, a duras penas, que más allá de

11 *Ibid.* I, 4: 6.

12 *Ibid.* I, 14: 8.

la diferencia, todas las criaturas, los entes vivientes, son una luz (*und in dem alle creature ein liecht sint*), pues no hay razón que alcance a ver el foco ni tampoco su origen divino al completo[13]. La luz es una de las mejores metáforas en casi todas las culturas para expresar la hierofanía[14], pues, como afirma Eckhart, la luz no tiene por qué ser comprendida y la incomprensión nos sumerge en la perfección y la pureza, pues no tiene límites como no los tiene lo divino[15].

Esa es la nada de Eckhart, la de un vacío pleno y luminoso, el garante de una nueva ontología no basada en las palabras, sino en lo imaginal y en la experiencia sobrenatural. La naturaleza es un nivel, un símbolo, pero lo Real se despliega ante sí. Emana y alumbra y, según Eckhart, solo puede hacerlo lo divino[16]. Los entes solo pueden recibir esa luz y saber que está. La búsqueda y la ascensión es la parte más agreste del camino, pero la única que nos hace liberarnos de la fantasía de que podemos crear, alumbrar y disponer. Nosotros, por nosotros mismos, nada podemos hacer. Solo dejarnos subsumir por la luminosa nada.

Traditio: receptus et perceptus

La tradición (*traditio*) juega un rol clave en Eckhart y, sobre todo, en esta obra que muchos llamarían apócrifa. Sin embargo, nos ofrece una oportunidad para pensar nuestros propios esquemas. Para alguien como el maestro Eckhart, la originalidad no tiene sentido, como tampoco lo tiene el concepto de autor. Por eso, para el autor del manuscrito, que no es Eckhart, lo importante es *lo que dijo* y

13 *Ibid.* I, 15: 4-9.

14 Comparativamente véase mi estudio *Cosmografías de luz manifestada. Filosofía de la naturaleza e hierofanía en Ibn 'Arabī* (2024) para el papel de la luz en la mística y el esoterismo islámico.

15 *La mística de una luminosa nada,* 1, 14: 20-24.

16 *Ibid.* II, 4: 1-4.

no lo *que es*. Puede sonar para nosotros muy extraño y complejo, sin embargo, en el pensamiento medieval es algo normal. Los autores son transmisores, no claman por poseer el logos ni tampoco la verdad. Transmiten lo que la tradición les ha legado. La modernidad prefiere la originalidad y la posesión personal de una verdad, a menudo, descubierta de forma innovadora. ¿No es esto un sin sentido? Esto nos separa profundamente del mundo del maestro Eckhart. Ante el significado de la palabra de Dios, sobre la que toda su obra se fundamenta, así lo explica:

> Aristóteles dice en el Tercer Libro de *Del alma*: «Cualquier sustancia inmaterial o forma especial lo es de sí misma». Lo reconocemos y es conocido y demostrado que el alma se separó del flujo divino de su corporeidad, de modo que puede obtener del propio ser una verdad formada por Dios. Dios no dice que de aquí tenga que haberlo escuchado ella todo, sino que la palabra de Dios no es otra cosa, sino un mero canto de verdad divina en la que el espíritu descansa en la razón sin un entendimiento atado a los sentidos. Así se entiende en la unidad sin entenderse[17].

Del dato moderno al canto antiguo es una glosa necesaria, que nos regala Eckhart, ante nuestro mundo. Un mundo donde rige la estadística y la ciencia de los datos, muchas veces, sin contexto; otras tantas, jugando a poseer absoluto. No es el dato el depositario de la verdad, sino el canto el que simbólicamente y, en un entramado de armonías y tonalidades, hace aparecer la verdad entre nosotros. Es una trama que manifiesta la inasible verdad divina, la unidad no puede ser entendida, quizás solo intuida, por la razón. En esa intuición está el secreto del hombre tradicional, no aspira a poseer la verdad, tan solo a contemplarla y, si es posible, a transmitirla. Por eso, lo importante es la transmisión de la tradición de la que él, como maestro de vida (*lebensmeister*), es guardián. Esa tradición se sabe de

17 *Ibid.* III, 2: 7-10.

dos formas: a través de lo *receptus*, lo recibido, y a través de lo *perceptus*, lo percibido.

La obra que el lector tiene entre manos juega con estas dos categorías de una forma muy especial. Lo *receptus* es una parte clave de la tradición. Eckhart, que también fue *lesenmeister* (maestro de lectura), vive un tiempo histórico en el que hereda y recibe las enseñanzas de Agustín de Hipona, de Plotino y Proclo —equívocamente presentados como Aristóteles en la *Teología* y el *Liber de Causis*—, de al-Ghazali, al-Kindi, ibn Sina, ibn Gabirol y Maimónides[18]. Ellos le aportan el saber antiguo además de otras experiencias de lo hierofánico y, finalmente, el uso filosófico de la nada. Eckhart no se cierra, piensa junto a ellos dándose cuenta de la debilidad de la filosofía aristotélica. Ninguno de ellos cree que el logos humano, no el divino ni sus manifestaciones hierofánicas, pueda ser equiparable a lo Real. De ellos aprende Eckhart a tener cuidado con las metafísicas realistas como la aristotélica y, posteriormente, las nominalistas. Por ejemplo, ibn Sina[19], ibn Gabirol[20] y Maimónides[21] hablan de la negatividad de los atributos de lo divino ante la imposibilidad de la razón de tener certeza de una Realidad que excede los límites.

Para todos ellos la lógica es una herramienta clave, pero en ningún momento sustituye a la fuerza de la revelación divina, a la fuerza simbólica de lo dado por lo divino. Eckhart siempre otorga un importante peso a la hierofanía, a la visión y a la irrupción de la luz, vemos la imponente presencia de Pseudo-Dionisio Areopagita y su *Teología Mística*. Aunando fuentes diversas, Eckhart construye con lo *receptus* una justificación para su filosofía que explora la radicalidad de lo Real y una ontología más allá de las palabras y sus categorías. Así dice Eckhart en otro de los *excerpta*:

---

18 Véase Palazzo, «Eckhart's islamic and Jewish Sources: Avicenna, Avicebron, and Averroes» en Hackett (ed.) *A Companio to Meister Eckhart* (2013).

19 Ibn Sina, *Ilāhiyyāt*, VIII, 4, 347.

20 Ibn Gabirol, *La Fuente de la vida*, pp. 250-254.

21 Maimónides, *Guía de Perplejos*, pp. 138-142.

> El alimento de un hombre puro es una conciencia pura, ya que el hombre se muestra en imperfecto desasosiego. La incomodidad no es la que crea el desasosiego de la ausencia de virtud, sino que revela la desvirtud del desasosiego. Le pasa lo mismo que a una falsa moneda de cobre: no está mucho en el fuego. Puede brillar como plata, pero cuando va al fuego resulta falsa moneda. Y no es el fuego el que hace de ella una falsa moneda, sino que la revela como falsa moneda[22].

El ser humano se encuentra en desasosiego (*ungedultige*) y necesita una conciencia pura para sobrevivir. El desasosiego es el síntoma de aquel que sufre y como dice Eckhart no puede evitarlo. Su corazón está enfermo y el fuego de lo divino revela al final su condición como la de moneda de cobre que imita a la plata.[23] Porque lo *perceptus* ni se puede enmascarar, ni se puede falsear. No se puede escapar de Dios y su presencia. La persona desasosegada, la persona que intenta comprender y controlarlo todo acaba víctima de esta enfermedad. Y el fuego, como un infierno interior, revela que realmente no era un sabio tocado por la luz de Dios, sino una persona que adolecía de alimento espiritual y humildad suficiente para saber dónde está su límite y, posteriormente, traspasarlo[24].

Para un sabio en la plenitud de la palabra, como Eckhart, lo *perceptus* con el corazón es tan importante como la tradición. Es otro tipo de tradición, esta es dada por Dios. Y como garante de este conocimiento, su transmisión es clave. En la tradición islámica esta se llama *ma'rifa* (re-conocimiento) y en la tradiciones asiáticas *prajña* (gran comprensión). Mas de esta forma lo explica el maestro Eckhart:

---

22 *La mística de una luminosa nada,* III, 9: 14-16.

23 Véase al-Ghazali, *Iḥya 'ulūm al-dīn*, 21. Este texto titulado *El libro de las maravillas del corazón* explora esta serie de problemas espirituales que afectan al cuerpo, a la mente y al espíritu.

24 Véase al respecto la afirmación del propio Eckhart en *La mística de una luminosa nada,* III, 7: 9.

A este respecto habrás de saber que el rostro de esta verdad con la luz divina no se aprende en la escuela de los ejercicios de las criaturas, sino que, más bien, se aprende en la escuela de todas las renuncias y del alejamiento de todas las criaturas. En esta doctrina, el cielo está llamado a ser escuela, el libro será su corazón y la eternidad será su enseñanza. La luz no creada será la del maestro y la verdad será también la del maestro[25].

Efectivamente este conocimiento no se puede aprender de forma ordinaria, como *receptus*, sino que ha de ser percibido por un sujeto purificado en el que al renunciar de lo ordinario y las categorías y al alejarse de los entes creados descubre que este conocimiento ha de ser trascedente. Así percibe que el cielo, en su inmensidad, ha de ser la escuela, mientras que en su propio corazón está escrito con la luz hierofánica la sabiduría y que el *Aión*, más allá del tiempo y las esferas celestes, ha de ser la enseñanza. Pues es más allá del tiempo y el espacio físico donde está la realidad. Es allí donde la nada toma forma y donde lo divino irrumpe rompiendo el principio de identidad. Y de esta forma lo corrobora el propio Eckhart con un fragmento muy poderoso:

> Él, por lo tanto, está en la cara interna, esto es, ahí donde en ellos no hay nada, de modo que la nada no puede estar en Él. Él, más bien, está en todo lo que es, por lo tanto acude en tanto que se muestra en la razón y en la pasión, de modo que allí no hay ya nada salvo Él y tampoco nada con Él. La razón y el deseo, es más, vencen, y con razón: quien se dé cuenta de esto no tendrá la nada en él, no tendrá la nada con él, sino que estará únicamente en Dios[26].

Todo esto es lo *perceptus* por aquel que sabe buscar más allá de la razón y la pasión, del logos y de lo físico. Es el instante en el que

---

25 *Ibid.*, I, 15: 25-26.

26 *Ibid.*, I, 15: 32-34.

lo imaginal activa, igualmente, lo *receptus* creando la tradición que ha de transmitirse antes de que se agoten las palabras. Cita Dōgen al viejo maestro *chán* Dazu Huike cuando dice: «Las flores nunca han aparecido» —y continúa el gran maestro japonés— «la realización de este principio es la verdad según la cual las flores nunca han aparecido, nunca han desaparecido, nunca han sido flores y el cielo nunca ha sido cielo. No deberíamos implicarnos en discusiones inútiles acerca de la existencia y de la no-existencia, ni confundirnos con el antes y el después de las flores»[27]. La tradición es la que posee las claves para que volvamos a buscar los significados de lo Real, más allá de cualquier palabra o categoría.

La nada y los límites

Como ya se ha dicho, uno de los problemas más importantes, y longevos, de la ontología occidental fue entender mal el poema de Parménides. Creímos que Parménides daba una preponderancia al ser sobre el no-ser y a ese no-ser lo solemos llamar en metafísica «la nada». Era incómodo y molesto y no casaba con las lecturas, primero, platónicas, idealistas y con deseo de recuperar una totalidad epistémica y, posteriormente, aristotélicas en una tradición realista. Dice Peter Kingsley: «Fue Aristóteles quien dejó las cosas muy claras hace mucho tiempo: es tarea del filósofo hablar con tanta claridad como sea posible y llamar al pan, pan y al vino, vino. En su opinión, la filosofía y la poesía no combinaban bien»[28]. Peter Kingsley afirma en su libro, *En los oscuros lugares del saber*, que el descenso, *la katábasis*, a lo divino fue silenciado[29]. Y con ese silencio de lo profundo, en la noche donde se incuban los sueños, en la oscuridad del infra-

27 Dōgen, *Shōbōgenzo*, p. 364.

28 Kingsley, *En los oscuros lugares del saber*, p. 112.

29 *Ibid.*, pp. 70-71.

mundo estaba el no-ser. Allí los entes no tenían cabida, pues se difuminaban con la no-existencia, era el reino de la muerte y los sueños.

Los griegos nunca llegaron a desarrollar, como los filósofos asiáticos, que ese no-ser oscuro y primordial pudiere ser un vacío, un horizonte de emergencia. Los sofistas griegos, especialmente Gorgias, usaron la nada como un elemento retórico y de juego lingüístico. La reificaron, la usaron para fines espurios. Así, en Grecia se instituyó que el primer límite de la filosofía estaba en la razón y el segundo, en el lenguaje. Ambas actúan casi en paralelo: la primera analiza y ve el encaje del logos; la segunda la hace «real» en base a categorías y formulas lingüística. Pero no es una realidad donde opere lo Real, es una realidad donde opera la palabra y la lógica estableciendo un límite. Aristóteles, no tanto Platón, pues él nunca se desapegó de la necesidad de un camino iniciático/mistérico, optó por hacer ese logos más trascendente. Su estrategia funcionó porque era útil, pero sentenció otras vías de conocimiento y acabó marcando el destino de la propia filosofía. El resto de la historia ya la conocemos, todas estas propuestas desembocaron en una ontología que fue derivando en lo lingüístico y separándose de lo que llamamos religión. Los neoplatónicos, paganos y cristianos, durante la Antigüedad Tardía se opusieron a esta perspectiva volviendo a la necesidad de un lenguaje apofático para tratar al Uno o absoluto. Pero era tarde, la filosofía occidental se había configurado como un camino consistente basado en una ontología dominada por el logos. Kingsley plantea y recuerda, a lo largo de su ya clásico libro, la necesidad de reivindicar el valor poético de la obra de Parménides y sus implicaciones. El Parménides inspirado, el Parménides poeta. Y creo firmemente que lo mismo podríamos decir de Eckhart.

El maestro Eckhart es un heredero de este planteamiento, un hijo azaroso de una vía mistérica. Casi no existía en su tiempo, pero de alguna forma la tradición la hizo latir en él. La poética no es solo un entretenimiento, sino un telar para tejer redes simbólicas, complejas y profundas. Al no hablar desde la racionalidad, sino desde la percepción revelada, su nada es tan problemática. Desde la revelación al símbolo. Él no pretende que las palabras casen con la realidad perceptible, sino que las usa como una simple vía de tránsito. A veces esta vía es desconcertante e incómoda. Tan desafiante para una tradición tan apegada a una palabra lógica pero, frente a ello, Eckhart hace uso de lo imaginal en la palabra y de una poética heredada de la experiencia hierofánica:

> De estas son las cosas de las que hablo. De todas las cosas que el ángel hace en el alma. (El ángel) obra en la luz, ordenadamente, de manera diferenciada, de modo que el alma acoge la alegría de la presencia amorosa del ángel, lo cual es también señal para reconocerlo, y de que la alegría permanece en el alma. Mas el enemigo trae también señales parecidas, pero equivocadas, desordenadas, no de manera diferenciada. El alma por ello se acongoja en la presencia del que es cobarde, cae en la confusión y queda equivocada. Aquí se da cuenta de que él es el enemigo. El ángel dice virtudes al alma. El enemigo las dice también. Pero Dios no dice virtudes. El ángel dice virtudes al alma, pero el decir del ángel es una virtud de lo imprescindible y lo hace además de un modo tan amorosamente suplicante que hay que ir más allá. Lo que hay que hacer es dejarse llevar, porque habla ordenadamente y de manera diferenciada, y el alma obtiene un apego suficiente en ella a partir de sus palabras. El enemigo, aun así, también dice virtudes, pero sus palabras son desordenadas y su virtud no es de lo imprescindible, tal como el seguir ayunando y velar, y seguir soñado y llorar. En sus palabras se ofrece de todo y (se te dice) que si no lo haces estás perdido, o no serás bueno ni perfecto. Esta virtud desordenada y equivocada, sin diferenciación, es su forma de hablar, y el alma se acongoja y no termina de tener suficiente de lo que está diciendo. Pero Dios no dice virtudes, y sigue siendo su decir maravilloso, porque aun a pesar de todo esto se puede conocer bien, pues habló hermosamente[30].

30 *La mística de una luminosa nada,* III, 1: 5-12.

Este fragmento me parece clave para volver a pensar el rol de las palabras y de la imagen poética y visionaria. La primera es la dicotomía entre ángel y el enemigo, el diablo, y su indistinción salvo en la armonía del discurso. Una falta de armonía, heredada de la tradición neopitagórica, en el discurso que oye el alma, aparentemente, causa o no la perdición del individuo. Mas Eckhart remata con una afirmación impactante: «Pero Dios no dice virtudes», pues Dios no habla, solo se manifiesta ante quien está preparado para recibirle. La nada divina es precisamente esa quietud y es la tarea del ser humano: «Dios nos pone una tarea fácil. Nos pide abrirnos a la nada»[31].

Abrirnos a la nada significa romper el límite del lenguaje y de una ontología construida sobre él. Ya no tienen poder ni ángeles ni demonios, la nada es encontrarse con el Absoluto sin atributos. Contemplar con la nada es aceptar el no-actuar en la búsqueda de lo oculto, pues por mucho que inquiramos dentro solo es dado en la experiencia de la primera luz como explica Eckhart en su sermón *El fruto de la nada*[32]. Prosigue el maestro citando la Biblia, en concreto *El Cantar de los Cantares* 3, para recomendar romper epistemológicamente con lo inferior y con los atributos para conocer realmente a Dios, a lo Real. Pero el que busca ve a Dios como una nada, pues él [Dios] tiene en sí el ser de todas las criaturas. Es un ser que tiene en sí a todos los seres[33].

Para Eckhart, esta ingente tarea es algo más sencilla porque sabe, sin duda, lo que busca. Es el espacio primordial, el momento de descenso a la divinidad, una *katábasis* iniciática. Es la búsqueda de la luz que ya arde en nosotros mismos y en palabras del maestro: «Y la luz alumbra contra la luz»[34]. Ese es el instante que el ser humano se ilumina e ilumina a otros, más allá de la razón y el entendimiento. Kingsley sugería, en su interpretación de Parménides, ¿y si nos diéra-

31 *Ibid.* I, 8: 15.
32 *El fruto de la nada*, p. 121.
33 *Ibid.*, p. 123.
34 *La mística de una luminosa nada*, III, 8: 4.

mos, a través de lo *perceptus*, cuenta de que el lugar de la luz está en la oscuridad?[35]. Es en ese momento cuando nos damos cuenta cómo funciona ontológicamente la nada que propone Eckhart.

La nada de la que nos habla el maestro es un espacio de ambigüedad, un intermundo de posibilidades, un *barzakh*, que une a Dios con su Creación. Pero, a la vez, es la ruptura de los límites epistemológicos para darse, entregarse, a lo Real. La nada permite que brille la luz hierofánica y a través del amor descubre que ahí está el auténtico conocimiento[36]. No son los libros, es el interior el que redescubre lo Real. La nada nos recuerda el abismo (*grunt*) que separa el *Aión* de la *physis*, que junto a *cronos* se difuminan al traspasarlo. Pero también nos presenta un horizonte de emergencia donde toda la Creación puede surgir o hundirse. Como dice Eckhart:

> Dios la creó (el alma) de la nada y le dio el libre albedrío para que, en verdad, no pueda obra alguna actuar en ella sin antes haber escogido ella su libre albedrío. De este modo, el alma queda libre y es liberada de todo aquello que no es el querido libre albedrío de Dios, porque se vuelve en sí para hablar a Dios libremente de un noble libre albedrío, como si nunca antes hubiera recibido el libre albedrío con el que Dios puede obrar en ella también libremente, y todas las cosas que creó de la nada[37].

La nada es el horizonte, sin tiempo ni espacio, en el que Dios crea el alma de lo ente, su Creación. Eckhart lo justificará así: «A través de lo que no tiene color se ven todos los colores, aunque estuviera abajo, en los pies». Un reino de lo luminoso, pero oscuro para otros según la experiencia que se tenga. Esa nada nos propone que no todo son vivencias positivas, constructivistas y antropocéntricas, sino que hay otras que exceden de nuestro entendimiento, de nuestra

---

35 Kingsley, *En los oscuros lugares del saber*, p. 71.

36 *El fruto de la nada*, p. 125.

37 *La mística de una luminosa nada*, II, 2: 12.

forma de comprender e incluso de sentir. Eckhart rompe con un tipo de filosofía mayoritaria, el realismo ontológico, para proponer una experiencia simple y radical, no se puede resolver, como si se tratase de un *kōan* zen, quedando para la meditación y la luz hierofánica. Ninguna palabra puede atravesar la nada ni su misterio. El corazón trasgrede el límite que las palabras no pueden y vuelven a un estado primordial tras haberse convertido en un ser separado de Él. «El retorno a la inocencia no puede ser sin la luz divina», dice el maestro Eckhart[38] y esa luz divina no llega sin que Dios haya vaciado al elegido y así acontece la paz infinita (*ganziu ruowe*)[39].

Lo oído y el camino más allá del texto

Otro de los grandes problemas de esta edición era justificar lo oído y lo dicho (*Diz sprach meister Eghart*) en esta colección de *excerpta* frente a la idea de una «obra canónica». Efectivamente, el maestro Eckhart no es un autor al uso, su obra sobrevivió con cierta marginalidad tras su proceso inquisitorial. Las obras canónicas y aceptadas son propias de la modernidad, especialmente ilustrada, que propone leer una obra como verdad, como totalidad.

Frente a la armonía, la luminosidad o la profundidad, muchas veces se ha primado la idea de totalidad, coherencia y verdad. ¿Se puede ser coherente en una experiencia hierofánica? Posiblemente no, los símbolos y las vivencias se dan en un torrente y las palabras, a duras penas, captan una pequeña parte. Las culturas que las mantienen como fuente de conocimiento se cuidan mucho de hacerlas absolutas y reales, sino que estas se enmascaran en símbolos, imágenes y narraciones complejas. Eckhart en estos dichos se presenta así, a veces oscuro; otras, tímido. No es el mismo maestro que esgrime argumentos teológicos en sermones y tratados alemanes y latinos

38 *Ibid.* III, 8: 11.

39 Tratado *Del ser separado* en El *fruto de la nada*, p. 178.

—los cuales conforman la mayor parte de la obra canónica que han editado Pfeiffer, Quint y Steer—, sino que en un alemán llano un discípulo intenta transmitir lo que el maestro ha dicho.

Estos textos que hablan de la nada, del vaciamiento, de Dios o de la humildad son el fruto de la escucha de alguien quien optó por trascribirlos. ¿Por qué estos y no otros? He ahí la gran pregunta. Su función epistémica no se centra en el logos o en la argumentación escolástica, sino en la transcripción y el instante. El transcriptor medieval, el copista, juega en la Edad Media un papel más importante que el propio autor. Matiza, trabaja y ofrece las palabras. Los copistas de los textos que confirman este libro juegan con los textos ofreciéndonos no una lectura, sino una audición. Al recitar estos textos se trae a la vida las palabras de Eckhart, palabras, formas que no son eruditas, sino que impactan en el corazón de la gente. Por un momento imaginemos a alguien, o al propio Eckhart, exhortando a sus coetáneos a abrazar la nada. Es poco menos que impactante. Oímos y callamos, nos parecería impactante e intenso y, sin embargo, ahí está. ¿Obedeceríamos? Esa es otra cuestión. Pero el maestro Eckhart invita a la escucha activa de la realidad como hace él.

Este es un camino más allá del texto, exige una hermenéutica dinámica y polifónica abierta a diferente niveles. El texto que nos lega la tradición, *receptus*, es un primer estadio, pero, de nuevo, la experiencia epistémica de lo *perceptus* toma un rol superior. Oír está en este espacio, tanto el oír del maestro Eckhart como el oír del discípulo que transcribe como el del lector que lee. Todos hacen hermenéutica, todos buscan en las palabras que ya no son textos, sino espacios intermediales entre la tradición y la experiencia. Y esto, como se puede intuir, es aplicable a toda la naturaleza y a la Creación por completo. Oír contemplando.

Al oír activamente, al contemplar la vía que Dios dispone, el ser humano aprende a ver lo sutil. Es la *gelâzenheit* (dejamiento) la actitud que el ser humano debe tomar. El vivir en el desierto (*einöde*) para saber sin saber (*wîse âne wise*)[40], ahí es donde se revela Dios. El desierto no es agreste, es el lugar donde se descubre a oír la vida. Durante el día nada se ve, pero se oye. Parece muerto, pero el agua fluye, seguramente, bajo los pies. Oír los símbolos, a quien sabe puede salvarnos en el desierto. Sin embargo, el acto de escuchar implica una sumisión a lo que Dios tiene, pero que la naturaleza humana no deja oír. Esa contemplación solo puede ser en solitario, no hay posibilidad —según el maestro Eckhart— de compartir la experiencia de la hierofanía. Existe, pues, un trabajo de introspección, de escucha total, incluida la nada, para llegar mucho más lejos: la descreación (*ungeschaffenheit*)[41].

Sobre la descreación y la renuncia al nombre

El término descreación (*ungeschaffenheit*) puede resultar incomodo en un ambiente filosófico e incluso religioso. Se trata de la disolución no solo del lenguaje, sino del nombre. En la tradición abrahámica, el nombre propio es el que guarda el secreto ontológico que hace posible la existencia. Nombres que Dios tiene y que transmite a sus elegidos, como Adán o Moisés, nombres que heredan místicos cristianos, sufíes y cabalistas. El nombre lo es todo en el mundo físico, también lo puede ser en el mundo espiritual. Los místicos, herederos de los teúrgos griegos, usan los nombres de los ángeles para interactuar con ellos como si de *daimones* se tratara y los alquimistas buscan los nombres ocultos que en la naturaleza perviven y que les permiten hacer sus operaciones. Mas Eckhart propone algo que tampoco es nuevo, pero que turba a su contexto: ¿y si la salvación solo viene de la pérdida de su nombre de creación? ¿Se podría volver a un estado pre-creación? ¿Fundirse con la eternidad?

40 Tratado *Del hombre noble* en *El fruto de la nada*, pp. 164-165.

41 Tratado *Del ser separado* en *El fruto de la nada*, p. 177.

En el análisis que C.G. Jung dedica al maestro Eckhart en su libro *Tipos psicológicos*[42] se nos invita a reflexionar sobre la relatividad del concepto de Dios que el maestro alemán presenta en su obra. Jung dirá que Eckhart llegó a través de una clara «orientación *anímica*», dirigiendo su libido hacia Dios.[43] Se trata, pues, de un proceso complejo en el que, según Jung, la relación entre el ser humano y Dios se torna psicológica y trasciende lo material. Esto desemboca en una relatividad del concepto de Dios. Así, Dios deja de ser una imagen, un ídolo e incluso un Ser. De esa forma, el alma del ser humano busca la liberación de una función meramente cultural de lo religioso, desembocando en una descreación (*ungeschaffenheit*), en la "completitud" de la nada. Leemos así en el primero de los *excerpta* de Eckhart que ilustran este libro:

> Quien aspire a practicar una vida contemplativa está destinado a buscar un sitio tranquilo, porque si está llamado a las vidas contemplativas querrá y deberá pensar en primer lugar cómo de noble es su alma. Porque el alma ha fluido de Dios.[44]

La posición espiritual, el «conflicto anímico» diría Jung, de Eckhart revela precisamente una serie de inquietudes que desestabilizan la relación cultural con lo sagrado. ¿Y si la *imago* de Dios ya estuviera con nosotros? ¿Y si no fuésemos capaces de percibirla? Jung nos intenta advertir de la importancia del alma en este espacio y, a la vez, una vuelta a lo primitivo. Y aquí está lo "herético" de Eckhart, es decir, la capacidad de cuestionar las estructuras políticas y morales de su tiempo. Tras ello logra encarnar ciertas problemáticas de las que Jung había advertido en *El problema anímico del hom-*

---

42 Jung, *Obra Completa*, vol. 6, § 410-433.

43 *Ibid.*, 6, §410-411.

44 *La mística de una luminosa nada*, I, 1: 1.

bre moderno[45] y que aparecen cuando en *Tipos Psicológicos* habla del inmortal maestro:

> La relatividad de Dios propia de la mística medieval supone, por tanto, una vuelta al estado de cosas primitivo. Las concepciones orientales a ella afines del *atman* individual y universal, en cambio, no son una regresión en ese sentido, sino ideas que Oriente, conforme a su particular idiosincrasia, ha venido madurando de un modo constante a partir de esa materia prima primitiva, manteniendo a la vez en ellas los principios que con claridad destacan ya en ésta. La vuelta a lo primitivo no tiene nada de sorprendente cuando se piensa que toda forma de religión verdaderamente viva es la organización cultual o ética de una u otra tendencia primitiva, desde donde vienen precisamente a alimentarla las misteriosas fuerzas instintivas que son causa de ese perfeccionamiento del ser humano en el proceso religioso.[46]

La lectura de Jung es de lo más sugestiva, Eckhart habría encontrado gnósticamente esa vía de los antiguos. Una tradición no escrita que esconde el secreto de la liberación: liberar al alma de los nombres subjetivando la naturaleza y lo exterior y objetivando lo interior del propio ser humano. La llegada a la nada en la filosofía de Eckhart, al vacío en el Budismo, supone anteceder a todo enunciado[47], el paso previo a la contemplación no de esa nada o vacío sino el propio intelecto que retorno a la compasión del Buda o a Dios. Ya no habrá nombres, ni habrá adjetivos, ni verbos, ni construcciones sintácticas ni tampoco devenires morfológicos. La lógica y por ende el lenguaje no pueden funcionar en el *Aión*. Jung advierte que, en este instante, al contemplar el alma la nada, se hace realidad la frase evangélica de

45 Jung, *Obra Completa*, vol. 10, § 148-196.

46 Jung, *Obra Completa*, vol. 6, § 415.

47 Jung, *Obra Completa*, vol. 11, § 838.

volverse niño[48], pues en ellos la energía libidinal le empuja a hacer el mundo suyo[49] sin necesidad de un discurso racional. Justo como hace el alma de Eckhart cuando busca a Dios a través de la Nada. Este es un nihilismo sin destrucción, es de vaciamiento hacia un horizonte emancipador, de renovación profunda. Mas tan solo es un estado, un instante, de reconocimiento previo al retorno.

El retorno a Dios, previo paso por la nada, indica eso. Eckhart cita al Areopagita cuando este explica la salida del alma[50], pero él va más allá hablando de la pérdida de nombre, del principio de identidad. Reconecta con la tradición para afirmar algo tan serio. Esta pérdida ya la había comenzado a experimentar al abrirse a la nada, al transgredir el límite del logos, donde comenzó a vaciarse. Entonces dice el maestro que esa es la entrada a la naturaleza divina y ahí se descrea. Se vuelve libre, ya sin nombre ni atributos, del conocimiento, del amor. No necesita más, en esa separación (*abgeschiedenheit*) encuentra lo que necesita y así lo afirma Eckhart en uno de sus dichos:

> El alma, cuando está en sus fundamentos, crece dejando atrás sus nombres y sus propias fuerzas; también cuando las fuerzas están mutando. Así pues, del mismo modo que no se debe dar un nombre a Dios, tampoco se le debe dar al alma un nombre en su naturaleza[51].

Renunciar al nombre es uno de los ejercicios más complicados («pues el amor trae consigo el dolor y el dolor trae consigo el amor»[52]), y más comunes, de las vías místicas de todas las cultu-

---

48 Cf. Mt 18, 1-5.«En aquel tiempo los discípulos vinieron a Jesús, diciendo: ¿Quién es el mayor en el reino de los cielos? Y llamando Jesús a un niño, lo puso en medio de ellos, y dijo: De cierto os digo, que si no os volvéis y os hacéis como niños, no entraréis en el reino de los cielos.»

49 Jung, *Obra Completa*, vol. 6, § 422.

50 *Los nombres de Dios* [C. 13.3] en *Obras Completas*, pp. 96-98.

51 *La mística de una luminosa nada*, 1, 14: 17.

52 Tratado *Del ser separado* en El *Fruto de la nada*, p. 180.

ras. Se trata de romper con el principio de identidad, con la propia subjetividad, para dejar de ser ente y pasar a ser nada en Él. Desde una visión contemporánea, tan centrada en las identidades, la meta que propone el maestro Eckhart es perturbadora: ¿cómo dejar de ser nosotros?, ¿cómo dejar de ser yo? Sin embargo, cuanto más se aferra el sujeto al yo, más débil se vuelve, ese yo, el ego, para protegerlo, lo adormece, lo somete. La transición es desde ese ego que recoge la vulnerabilidad de lo físico hacia un sí mismo que reconoce la nada y de ahí a la descreación envuelta por la luminosa nada de Dios.

Dōgen también nos invita a oír una historia del maestro *chán* Changsa Zhaoxian en la que nos cuenta que «la clara luz de los *buddhas* y ancestros es el universo entero en diez direcciones»[53]. Una clara luz (*komyō*) —como ocurría también en el budismo tibetano— que es capaz de aniquilar cualquier duda y que por mucho que los monjes se esfuercen por imaginar, no pueden, pues les excede. Una meditación sobre los comentarios de Dōgen nos invita a oír en vez de imaginar, a oír la clara luz en la naturaleza y en cada uno de los seres. Ese oír se transforma, progresivamente, en sentir no en ver, se manifiesta en cada ser, todo es clara luz y, sin embargo, nadie responde con palabras. No hay respuesta a la escucha más que la manifestación. Pues la vacuidad, donde está clara luz (*komyō*) se manifiesta es el campo de posibilidad donde, obviamente, estoy yo. Pero no deja de ser un juego más allá de las palabras como le gusta al zen.

La descreación (*ungeschaffenheit*) es precisamente el estadio final de la escucha. Sin nombre, atento a la manifestación, se descubre que no hay más que eso. El Buda se ilumina y sonríe, se disuelve en el vacío comprendiendo que su existencia está interrelacionada, pero sin ningún tipo de anclaje. Es la aceptación del *zenki* (totalidad dinámica), no hay nada en la realidad que impida su dinamismo. Por su parte, el maestro Eckhart nos ofrece abandonar el/los nombre/s, por el que algún día nos creímos poderosos, y escuchar la nada. En ese

53 Dōgen, *Shōbōgenzo*, pp. 307-308.

silencio, desnudo, el alma crece y se descrea, uniéndose a Dios. Este es el acceso a un *Aión*, un más allá del tiempo en presente y de las esferas celestes, en el que ya no hay distinción.

El desafío de Eckhart, y su actualidad contemporánea, es, precisamente, una confrontación con la idolatría. No hay espacio para una idolatría posible en su actitud, en su método, a través de la escucha, en el dejamiento (*gelâzenheit*). Los ídolos se rompen frente a la nada que siente el maestro, porque el ídolo necesita lenguaje y forma, necesita de la imagen y creer que en su madera o en su piedra hay realidad. Su retorno a la tradición abrahámica más pura es considerable, el ídolo no tiene cabida en la experiencia religiosa, pues la nada avasalla la forma, la escucha subyuga a la vista. Pero deberíamos preguntarnos: ¿qué es un ídolo?

El ídolo no es necesariamente una estatua, sino todo aquello que le asignamos una esencia divina o creemos que la divinidad está ahí. Eckhart se cuida mucho, a lo largo de su obra, de caer en idolatrías, pero también en un panteísmo. La apuesta ontológica por la luz y de la nada salva la experiencia frente al ídolo. La progresiva pérdida de valor del nombre es otro buen ejemplo del enfrentamiento contra la idolatría, pues en los nombres se juega una gran batalla. El nombre dado se puede idolatrar haciendo olvidar lo Real, el logos puede secuestrar a lo absoluto para circunscribir la Creación a una sola visión. El símbolo muere y la idolatría triunfa. Por eso, frente a ello se sitúa la «luz sin límites» que propone Eckhart[54], sin límites de ningún tipo. Una «luz no creada que será del maestro» (*Ds ungeschaffen lieht sol sin der meister*)[55] que emana de lo divino y transforma a aquel que está dispuesto a dejarse llevar, a descrearse perdiendo su nombre y su identidad. Muchas veces leemos mal a los místicos y creemos que ellos se dejan llevar por la poética por pura locura —como ocurre, por ejemplo, con Ibn ʿArabī— y no entendemos que esta tan

54 *La mística de una luminosa nada*, I, 15: 23-25.

55 *Ibid.*, I, 15: 26.

solo es una forma de traducir aquello que no pueden decir con un logos racional, pues la experiencia excede su razón. Una bella poética basada en romper conceptos y nombres le sirve para que podamos intuir, aunque sea una mínima parte, su vivencia. Y en el caso de Eckhart es también un desafío a una teología dominada por la imagen no-imaginal, el concepto y la razón.

¿No sería fascinante pensar nuestra realidad desde estos términos? Puede ser más estimulante de lo que nos creemos, pues en un momento de crisis civilizacional y de quiebra de la ontología, la actitud del maestro Eckhart puede ayudarnos a leer nuestro mundo de otra forma. Resignificar nuestro mundo en esta clave epistémica nos ayudaría a volver a prestar más atención a la escucha y a la interacción diferente con la Creación. A la vez, el ejercicio de cuestionar el logos y la racionalidad frente a una experiencia donde la imaginación activa tenga un peso específico, a través de cuestionar nuestros nombres y atributos, puede ser interesante en tiempos donde los datos objetivizan nuestro mundo. ¿Aceptaríamos descrearnos?, ¿aceptaríamos contemplar escuchando la nada? Quizás es el instante para reflexionar sobre ello. La nada eckhartiana, como el vacío budista y taoísta, no es un espacio de anarquía o caos, sino un horizonte de posibilidad donde puede surgir mucho más. Un horizonte de emergencia en un presente eterno que permite comprender que el mundo no es progresivo y lineal, sino que el ser humano debe encontrar los espacios para interseccionar con lo nuevo y efímero —como recordaba Nishitani— que acontece en cada instante[56]. Así, se trata de una hermenéutica polifónica y dinámica que explora la realidad más allá de sus apariencias y que busca reencontrarse con lo Real. Un abismo sin fin (*grundenlos*) al que se accede cuestionando la imagen, el ídolo, el tiempo, el espacio, el concepto y lo ente. Una luminosa nada, sin nombre, que trae beatitud a un alma que olvidó su nombre. Y así habló el maestro Eckhart:

56 Nishitani, *La religión y la nada*, p. 284.

Tenéis que saber que toda nuestra perfección y toda nuestra dicha residen en el hecho de que el hombre avance, que vaya más allá de los seres creados, de la temporalidad y de todos los seres, y que se adentre en el abismo que no tiene fin[57].

57 *La mística de una luminosa nada*, I, 2: 1.

BIBLIOGRAFÍA

Anónimo. (2023). *Diálogo del diamante (seguido de diálogo del corazón)*. Ed. Juan Arnau y trad. Luis. Ó. Gomez. Atalanta.

Barfield, O. (2011). *Salvar las apariencias. Un estudio sobre la idolatría*. Atalanta.

De Diego González, A. (2024) Cosmografías de luz manifestada. Filosofía de la naturaleza e hierofanía en Ibn 'Arabī. En Alvarado, J. y Muñoz, J. (eds). *Ciencia y Metafísica* (pp. 149-172). Sanz y Torres.

Dōgen, E. (2015). *Shobōbōgenzō. La preciosa visión del Dharma verdadero*. Ed. y trad. Dokushō Villalba. Kairos.

Ibn Sina (1960). K. al-Šifā'. Al-Ilāhiyyāt. Ed. M.Y. Mousa, S. Dunyā, S. Zayed. Egyptian Ministry of Culture and Orientation.

Heidegger, M. (1998). *Caminos de Bosque*. Ed. y trad. Helena Cortés y Arturo Leyte. Alianza Editorial.

Heidegger, M. (2003). *¿Qué es metafísica?* Ed. y trad. Helena Cortés y Arturo Leyte. Alianza Editorial.

Ibn Gabirol, S. (1987). *La fuente de la vida*. Riopiedras Ediciones.

Izutsu, T. (2008). *The Structure of Oriental Philosophy: Collected Papers of the Eranos Conference*. 2 vols. Keio University Press.

Jung, C.G. (1999-2009). *Obra Completa*. 18 vols. Trotta.

Kingsley, P. (2019). *En los oscuros lugares del saber*. Atalanta.

Maimónides, M. (2001). *Guía de perplejos*. Ed. y trad. David Gonzalo Maeso. Trotta.

Nishitani, K. (1999). *La religión y la nada*. (Colección El Árbol del Paraíso, 18). Siruela.

Palazzo, A. (2013). Eckhart's Islamic and Jewish Sources: Avicenna, Avicebron, and Averroes. In *A Companion to Meister Eckhart* (pp. 253-298). Brill.

Pseudo-Dionisio Areopagita. (2014) *Obras Completas*. Ed. Teodoro H. Martin. Biblioteca de Autores Cristianos.

Quint, J. (1971). *Vorläufiges Verzeichnis der benutzten Handschriften und ihrer Siglen (3. Fassung)* (Supplement zur Ausgabe von DW 2; Kohlhammer).

Quint, J. (ed. y trad.) (1958-1976). *Meister Eckhart*: *Die deutschen Werke* (vols. 1-3, 5). Kohlhammer.

Steer, G. v. (ed. y trad.) (2003-2016). *Meister Eckhart: Die deutschen Werke* (vols. 4/1, 4/2). Kohlhammer.

Ueda, S. (2005). *Zen y Filosofía*. Herder.

Vega, A. (ed. y trad.) (2011). *El fruto de la nada y otros escritos* (Colección El Árbol del Paraíso, 13). Siruela/Alianza Editorial.

Vattimo, G. (1974). *Il soggetto e la maschera. Nietzsche e il problema della liberazione*. Bompiani.

Este libro de la colección *Sapientia Avrea*, por encomienda de la editorial Almuzara, terminó de imprimirse cuando el Sol estaba en la casa de Leo y fulgía la Luna llena en el cielo, durante el mes de agosto del año 2024.